寻找教育的智慧
——小学教育教学研究与实践

冯艳萍　王国平　高建宁／著

吉林人民出版社

图书在版编目（CIP）数据

寻找教育的智慧：小学教育教学研究与实践 / 冯艳萍，王国平，高建宁著. — 长春：吉林人民出版社，2023.11

ISBN 978-7-206-20343-5

Ⅰ.①寻… Ⅱ.①冯… ②王… ③高… Ⅲ.①小学教育—教育研究 Ⅳ.①G622.0

中国国家版本馆CIP数据核字（2023）第221859号

寻找教育的智慧——小学教育教学研究与实践

XUNZHAO JIAOYU DE ZHIHUI——XIAOXUE JIAOYU JIAOXUE YANJIU YU SHIJIAN

著　者：冯艳萍　王国平　高建宁

责任编辑：高　婷　　　　　　　　　封面设计：李　娜

吉林人民出版社出版发行（长春市人民大街7548号　　邮政编码：130022）

印　刷：北京政采印刷服务有限公司

开　本：787mm×1092mm　　　　　1/16

印　张：17　　　　　　　　　　　字　数：240千字

标准书号：ISBN 978-7-206-20343-5

版　次：2023年11月第1版　　　　　印　次：2023年11月第1次印刷

定　价：58.00元

如发现印装质量问题，影响阅读，请与出版社联系调换。

序 言
PREFACE

　　我有幸成为宁夏回族自治区2019年"网络名师工作室"主持人和2022年自治区级中小学"名师工作室"主持人。回忆起工作室初立时的点滴，心中非常感激宁夏回族自治区教育厅、中卫市教研室、海原县教研室和海原一众领导和同仁的关心与支持。几年的时光，感动常涌心头，成长伴随左右，与同伴前行，感谢有思想、有凝聚力、有生命力的团队。我们一群人向着一个目标奋斗，一起线下备课、说课，一起线上云端研修，交流思想，碰撞智慧，潜心钻研，不断突破，实现成长与再成长。回想起和同事外出培训的艰辛、与同伴研讨时的挑灯夜战、讲座时背后的精心准备、公开课前不厌其烦的磨课至今历历在目。

　　一路走来，我收获满满。作为主持人，我以饱满的热情和积极的学习态度，全程参与并主持了工作室的集中研修、教学实践、现场研讨、课题研究、送教下乡、外出培训、专题讲座等各项活动和任务。在各类研修活动中，我体验了协作研究的幸福，体验了学术研究的乐趣，体验了个人成长的快乐。学习研修的过程有苦有甜，美好的回忆永留心间，我不但见证了自己的蜕变，还看到了同伴的成长。

　　作为主持人，我的精力主要放在课堂教学中，一是上好自己班的课，二是做好青年教师的引导者，因此，上课、观课、议课就成了我每天的"三部曲"。在上课时，我将核心素养的培养作为数学教学的灵魂，培养学生的数学人文、数学意识、数学思想，使学生形成数学独特的思维方式和价值观念；努力把握数学教学的整体性、联系性，引导学生探索归纳；正视学生参与数学活动的意义和重要性，重视于课堂教学中融合数学文化；采用形象化手段，培养学生的数学思维；让学生参与数学活动，提高其应用数学的自觉性，最终促进学生的终身发展，为学生适应社会奠定基础。在观课议课活动中，我们常思考"怎样的课是一节好课""什么样的课堂是理想的课堂""如何上好一节好课"和"怎样观课议课"等问题。应对实践需要，我认真研究了140多节课，翻看了过去5年来的观课笔记，写出了《在"双减"政策导向下观课议课的策略研究》《提升磨课实效的思考与策略》等论文，并将我的思考与论文在《宁夏教育》《教育前沿》等刊物上发表，以使其他教师在工作中有所借鉴。除了课堂教学，课余时间我也会和同伴做做课题、写写感悟和反思，从而让自己过上忙碌而充实的一天。

回想以前的自己，就像"坐井观天"中的青蛙，总以为"天总是井口那么大"，因为我们不接触外界信息，天天这样无创新地工作，很多东西已经习以为常了。青蛙要跳出井口，得益于小鸟。第一次在外培训和观课彻底颠覆了我的认知，使我怀疑和重新审视起自己过去的经验，教学工作必须"跳出井口看一看"。但"小鸟"的作用只是外因，它的任务只是提供不同的信息，它为我们打开一扇窗，推开一道门，把它知道的天有多大告诉我们；是否要看窗外的风景，是否要走出自己的小天地，是否要跳出自己的"井口"，如何坚持，收获什么，必须靠青蛙自己决定。我承认自己是一只想不断跳出"井口"的青蛙，但我还希望做一只"小小鸟"。这是我的愿望和理想，同时也是这本书的目的之一。

本书的案例文章都来自我们三人在各类刊物发表的教育教学论文、案例、课题和各级各类获奖的教学设计。本书的出版也是对工作室的一次成果汇集与工作检阅，它汇集了工作室在高效课堂、教材教法、核心素养、课题研究、课程建设等方面的思索和心得，记载着工作室在教育上的点滴思考、探索、收获，也是我们教学道路上的思想碎片、智慧之光，既是见证，也是践行。在践行的过程中，我们深深地认识到只有探索、改进、完善，才会让教育之路充满勃勃生机；只有携手前行，在教改的路上，我们才会有更笃定的力量。

　　我们将本书按文章的内容分为核心素养下的工作室建设、课题建设、谈学论教、教学实践、研修思考和走过的足迹共六篇。从学科思想到教学策略，从课程研究到教学实践，从学术前沿到教学一线，渗透着工作室成员的潜心研究成果和智慧结晶，凝聚着工作室成员的劳动和创造。借此机会，向工作室成员表示诚挚的谢意！

　　海原县第一小学十分重视本书的出版，将本书的出版列入学校名师工作室建设计划，并在名师工作室经费中专项列支资助本书的出版，在此表示由衷的感谢！

　　经常总结经验、积累案例，及时吸取教训和积极反思，是为了向更高目标迈进。但愿本书能为新一轮课程改革的推进提供借鉴，使工作室和一线教师在教学中有实例可鉴，有方法可参考。由于时间仓促，选编内容的观点、认识、思考、做法等，不一定完全符合本书的初衷和读者的期望与要求，敬请广大读者、同仁批评指正。

冯艳萍

2023年于宁夏海原

目 录

CONTENTS

第四章　教学实践

第五章　研修思考

第六章　走过的足迹

第一章

工作室建设

冯艳萍名师工作室的实践与探索

2019年，自治区级中小学名师工作室"冯艳萍网络名师工作室"（以下简称"工作室"）成立以来，工作室以"名师引领、传承创新、资源共享、辐射带动"为原则，以青年骨干教师为核心团队，以培养名师为主要任务，各工作室成员共同开展学科研究、教改探索和教学磨练的实体与网络相结合的新型教研活动。在三年的探索发展进程中，工作室以核心素养为导向，从个体到团队，构筑起教师成长的共同体，研修形式不断丰富，运行机制不断完善，作用功能不断放大，成效辐射不断提升，为学校可持续发展注入了新鲜血液，有力提升了名师培养实效。

一、工作室的主要工作和特色

工作室成员、学员把脉定向，凝心静气，潜心躬耕，结合区、市、县教研室的主要工作，配合我校做好基础教育质量提升行动"5+1"系列主题活动、做好研训信息化2.0，实现了"三个课堂"同步开展、助力教师的"四课活动"和"双减"政策下作业布置实施，完成了课题前期的研究工作。工作室在实践中探索，以"专业规划、动态驱动、专题研修、选准支点、课题带动、协同共享"为抓手，对内凝聚驱动，对外示范辐射，肩负起培养名师和自我提升的双重任务，已初步成为学校优秀教师孵化的基地。

第一章 工作室建设

1. 专业规划，定发展之舵

"冯艳萍名师工作室"的定位是"由骨干走向名师的专业成长共同体"。面对一些成员专业发展规划目标宽泛、自我定位不准、情绪不稳等现状，工作室应做好以下工作：一是帮助成员"找位子"。所谓找位子，就是团队帮助成员认清自己专业现状，帮助学员认清自己专业发展方向和目标，并为成员在课堂教学、专题研训等方面如何发展制定发展任务。二是帮助成员写好《个人发展当年规划》。帮助成员分析个人的特长与劣势，并帮助成员详细规划出未来三年发展的总体目标（包括师德素养提升、阅读学习计划、优秀档次目标、学科规划、教科研提升规划等），以及本学年培养计划和培养目标。三是坚定成员成为名师的信念。工作室致力于成为培育名师的载体，针对许多教师诸如"名师是自己成长起来的还是培养出来的""名师究竟名在哪里"等疑惑，工作室主持人相继为成员开设了"名师是如何修炼的""专业发展和教师的价值"的讲座，并与成员共读了卜中海老师的《今天怎样当老师——用智慧经营教育》一书，让成员从内心深处扎根学习，坚定成为名师的信念，让他们知晓如何由普通教师走向名副其实的名师。工作室成员优秀青年教师张嬿说："我加入工作室前觉得当一名优秀的老师就行，现在工作室给我的定位是一年成校学科带头人，两年成为县级名师，三年成为市级名师，五年成为区级名师，我的任务紧迫而又明确，只有放手一搏了。"

2. 动态驱动，发内省之力

工作室成员大多是一线教师，而大多一线教师工作量大、事务烦琐，常因职业倦怠而使教育教学工作陷入一潭死水，或者动力不足被动发展。因为工作室不是行政机构，成员之间是一种同伴互助自愿平等的关系，工作室既不能用行政命令来对成员作出硬性要求，也不能用物质奖励的方法来督促其发展，只能想法子激发成员内驱力。用何种办法来驱动成员不断发展呢？本工作室找到的好办法是"吹喇叭"，即借助制作《工作室动态》，全方位宣传各成员在教学成长上取得的成果。《工作室动态》分为"工作室工作纪要"和"成员成果展示"两部分。"工作室工作纪要"包括专题培训、课题研究、"请进来送出去"学习、工作推进等专项动态。"成员成果展示"主要展示成员取得的成绩，包括课题立项、教学表彰、业务获奖、论文获奖、成果分享等栏目。动态在教育云平台上不定期发布，在学校公众号上每月发布一次电子版，每周出一期纸质版《工作动态》。《工作室动态》对工作室而言，主要起到收集档案的功能和在校内外交流宣传的效果。对成员而言，动态则主要是宣传工作室成员教育教学业绩和研究成果的宣传平台，其内容的选取和发布是对成员的一种成长过程的评价，能够驱动成员主动纵横对比、相互补充，提醒成员正视差距，积极内省改变自己，使成员之间形成比有目标、学有榜样的氛围，促使成员从不自觉发展向自觉发展转变，鼓励大家共同进步。至今工作室已发《工作室动态》30期。

3. 专题研修，解教研之惑

工作室研修主要解决成员在课堂教学中遇到的热点和难点问题，立足校本研修，通过指导教学设计、现场观摩课堂、解读课程标准、组织教材分析、观课议课交流、确立课题研究、邀请名师讲座、跨校横向联合等多种研修活动，为工作室成员析难解惑，清扫除成员工作上的"拦路虎"，促进成员快速成长。2022学年工作室共邀请县级、区级专家讲座4次，师徒结对16人，一年开展集体网络研修活动8次。各个进入我们名师工作室研修团队的成员，必须完成"三大任务"，享有"四个优先"。

第一大任务就是撰写科学的研修计划。计划的内容涉及个人现状剖析、三年发展总目标、分阶段目标，须完成的作业有理论书籍阅读、论文撰写、研讨课及课后反思、个人讲座等。

第二大任务是开展理性的研修实践。聚焦课堂热点问题，研究课堂普遍问题，突破课堂难点问题。首先，着眼于课堂，通过观课的理解，议成员的执教理念和亟待解决的问题；其次，针对问题让团队成员同课异构磨课，形成个体对课堂的切身体会；最后，通过对"教"的方式与"学"的方法进行对比和反思，实现认知提升，获得对课堂教学的新看法。

第三大任务是进行自觉的科学研究。工作室围绕"南部山区提升'名师课堂'效应的探索与实践"课题（宁夏教育厅第六届基础教育教学科研课题，课题批准号：034），划分为若干子课题，根据成员需求与个人优势对各子课题进行认领，开展子课题探索实践，提升成员的教育教学能力和教育科研能力。集智聚力，克难攻坚生产出科研成果，不断提升课题研究的理论深度与实践广度，让工作室真正成为学校的教育教学研究所和名师孵化基地。

为了让成员能快速成长，各成员还享有"四个优先"：学校优先将工作室成员"送出去"研修、各成员还享受校内外公开教学上课优先、购买专业书籍补贴优先、教研论文写作指导优先等优惠政策，这调动了研修团队的积极性，保证了团队的整体质量。

同时，工作室承担了"三个课堂"，即"专递课堂""名师课堂"和"名校网络课堂"的融合应用。与帮扶学校进行40节"专递课堂"；通过"名师课堂"将工作室的课堂实录和备课资源上传校园网站共享，一年来共上传精品课6节，优质课15节，示范课10节；将工作室精品课和优质资源上传共享，积极加强和构建"名校网络课堂"。

4.找准支点，撬动着力之点

根据调研和实践所得，能上好公开示范课、会撰写论文、坚持课题研究是撬动骨干教师成为名师的三大支点，这三大支点也恰好是名师实现聚焦专业、辐射引领的主要路径。

公开示范课是工作室的有力抓手，是教师专业发展有效的平台。每一次公开课，都是一次教学技能展示，都伴随着教学反思，成员点评，在观课议课中碰撞出思想火花，在对话中创生智慧，获得更多有价值的教育教学活动，让成员深切地感受到课堂教学的丰富多彩，感受到自身每天都在进步。一个优秀教师上公开课的历程就是该教师的成长史。公开课听多了、上多了，就会由借鉴模仿别人的教学套路和教学模式逐渐形成属于自己的教学模式，就会在反思和积累中形成自己独有的教学风格和教学模式。我校工作室明确要求青年成员每人一学期各上一节市、县、校级的公开课，45岁以上的成员每人一学期开一节校级以上的讲座、上一节校内精品课。同时创造机会让青年教师参加各级各类的赛课。2022年6月，在中卫市基本功比赛中，工作室田智梅老师以扎实的教学基本功获得一等奖。2022年，全区掀起了"四课"活动，结合学校开展的"四课"比赛即新入职教师讲达标课、学科教师讲优质课、骨干教师讲示范课、教学名师讲精品课比赛。工作室成员奋勇当先，我校"四课"活动如火如荼，充分发挥工作室主阵地和"引航灯"作用，引领广大教师在实践中探索，在反思中深化，在合作中探究，在共赢中发展。通过师带徒、参加集中培训等形式，培养了8名学科骨干。成员、学员共听评课440节，上公开课、优质课、示范课、精品课共42节。

撰写论文是成就名师的重要途径和有效方法。成员积极撰写论文，能很快塑造自己在上公开课中初步形成的教学风格，还能进行理论提炼并形成自己独到的教育思想或教学主张。在撰写论文的过程中，成员带着解决问题的目的学习教育理论，搜寻大量的心理学、教育学书籍和各种教育前沿理论和动态，查理论，找方法，自觉或不自觉地进行着一种有效的自学过程。发表后的文章，使成员自身获得了成功的内心体验的同时，也能促进学术交流，有利于教学成果的推广应用。教师教学生涯的最高境界是有自己独特的教学思想，这也是一名教师走向成熟和成功的标志。工作室对成员提出硬性要求：每学年撰写教研论文或教学反思、教学案例、教育随笔不少于6篇，且至少有1篇要在正规刊物上发表。目前成员已在《宁夏教育》《教育前沿》等刊物发表教育教学论文5篇。

课题研究是教师专业化发展的重要途径。面对新时代新一轮基础教育课程的改革，教师必须由"经验型"转向"科研型"。积极进行课题研究，是教师从骨干教师向成为卓越教师的目标迈进的第一步。工作室邀请区教研室安奇教授，县教研室李民、杨彦文等教研员，通过讲座、座谈交流、学习指导、直接对话与互动等形式，向工作室成员传授课题研究的理论和方法。2022年6月16日—7月6日，工作室主持人冯艳萍老师参加了由自治区选拔名师工作室主持人，在浙江金华市参加为期20天的名师工作室主持人的专业提升培训，此次培训使她的工作能力与业务水平有了进一步的提升，工作室成员课题研究的热情空前高涨，积极研究"'231'高效教学模式之小学中高年级学生数学合作学习"等课题，以教师发展的环境场所，如学科跨界、年级跨界，组建师徒研究共同体、课题研究共同体、沙龙学习共同体等为依托，尝试解决教师师德淡薄、年级组业务不强、"帮扶"农村薄弱学校教师教学能力不强、专业发展水平不高等问题。举办的每次活动，要么和县教研室联办，要么邀请其他工作室前来观摩，要么通知本校相关学科组参加，最大限度地利用了名师资源。这不仅为成员创设了良好的学习平台，激发成员对工作室的认同感和成就感，也带动了本校教师整体的发展，起到了事半功倍、合作共赢的效果，还增强了本工作室的影响力和辐射力，彰显出工作室在专业发展方面的引领辐射作用。2022学年在帮扶学校线下送教3次，召开跨学科教研交流活动8次，举行跨校工作室联办活动1次。

二、2022年工作室的主要成效

经过工作室成员、学员的不懈努力，一年来工作室逐步彰显出它的特色与成效，并取得了可喜成绩，成员、学员获得区级及以上荣誉称号和专业表彰3人次，在教育教学业务竞赛比赛中获县市级奖项的有27人次，论文发表15篇，课题研究两个。工作室能取得以上成绩的主要因素包括以下几点。

一是软件、硬件建设科学规范。宽带网络通、优质资源通、网络学习空间人人通，一年来，我们工作室学员已达到500多名，资源数4 328个，文章数8 580个，积分超过3 100 000分，工作室网站每天访问量400多次，总访问量245 011次。

二是工作室网站平台辐射效应强。工作室注重收集丰富有价值的视频课、论文、教学反思、教学设计、课例光盘、教学课件等。名师视频课堂达到606节，教研活动1 009次，网上评课145次，话题数32 221个。

三是研修成果令人欣慰。在第二十届全区教师教育教学信息化交流活动中我工作室成员张璇老师获得信息技术创新教学案例一等奖；吴戎老师获微课三等奖；金学花老师获课件三等奖。在全区第十四届小学数学优质课暨主题教研成果评比、展示、观摩、研讨活动中，田智梅老师讲课获得二等奖，吴爱琴、曹畅老师获得指导奖；在课题暨主题教研中冯艳萍、金学花、张璇老师荣获二等奖。白学霞老师的《合理购物》课件获得三等奖；白雪霞老师的论文《小学中高年级数学创新思维的培养》在《中外交流》杂志中发表，并获得了一等奖，吴爱琴老师获得中卫市"立德树人"荣誉称号；吕鸿嫚老师的教学案例在"互联网+教育"大赛中荣获二等奖；金学花老师的《空中课堂折射出自主探究学习方式的主要性》荣获中卫市教研成果奖；刘月玲老师在"互联网+教育"大赛中荣获中卫市微课二等奖；工作室主持人冯艳萍的教学助手课《圆的周长》获中卫市二等奖，论文《在"双减"政策下评课议课的策略研究》《名师工作室的实践与探索》《提升磨课实效的思考与策略》在《宁夏教育》期刊公开发表；在"四课"活动中，教学名师冯艳萍老师的精品课荣获校级一等奖；骨干教师陶丽娜老师、田智梅老师、张璇老师的示范课分别荣获校级一、二等奖；2022年工作室在全区"互联网+教育"中被评为一等奖。

名师工作室是教师专业成长的共同体，是教师发展的短平快的赛道，是学校内涵式发展的一条可行之路，它能成为充满人文关怀的精神家园，能实现教师的最大解放和自我觉醒，能唤醒一线教师们沉睡的内驱力，能再次激发一线教师们的教育激情，能让教育回归生命的原点和初心。相信不久的将来，新一批名师将在名师工作室绽放光芒！

冯艳萍名师工作室三年发展规划
（2023—2026年）

一、指导思想

坚持以习近平新时代中国特色社会主义思想为指导，深入贯彻落实党的二十大精神，认真贯彻落实习近平总书记关于教育的论述和全国、区市县教育工作会议精神，落实立德树人根本任务，遵循教育规律和教师成长发展规律，按照宁夏回族自治区教育厅《新一轮自治区中小学名师、名校（园）长工作室培养骨干教师工作方案》的精神，冯艳萍名师工作室将站在新时代发展的高度，从个体到团队，构筑起教师成长的共同体，让工作室成为名师的摇篮、教研的基地、交流的平台和辐射的中心，为全区小学数学教师队伍教育教学水平的整体提升作出贡献。

二、工作室现状

2019年，"冯艳萍网络名师工作室"（自治区级）成立以来，共有成员13名，以"名师引领、传承创新、资源共享、辐射带动"为原则，以青年骨干教师为核心团队，以培养名师为主要任务，共同开展学科研究、教改探索和教学磨练的实体与网络相结合的新型教研活动。在三年间的探索发展进程中，工作室研修形式不断丰富，运行机制不断完善，作用功能不断放大，成效辐射不断提升，为学校可持续发展注入了新鲜血液，有力提升了名师培养实效。一是工作室建设科学规范。宽带网络通、优质资源通、网络学习空间人人通，工作室学员已达到500多名，资源数4 328个，文章数8 580个，积分达到了3 100 000多分，每天访问量400多次，总访问量245 011次。二是工作室网站平台辐射效应强。收集丰富有价值的视频课、论文、教学反思、教学设计、课例光盘、教学课件等。名师视频课堂达到606节，教研活动1 009次，网上评课145次，话题数32 221个。三是研修成果令人欣慰，工作室培养了3名县级骨干教师，6名市级骨干教师，3名区级骨干教师；有25人次获区、市、县教育教学竞赛奖项；有16篇教育论文和案例在《宁夏教育》《教育前沿》等刊物公开发表；申报了两个教研课题。

在看到成绩的同时，工作室还存在一些不容忽视的问题，如工作室定位不准、研训设计随意而针对性不强、成员专业发展规划目标不清、开展活动形式单一等，这些问题将在新一轮名师工作室中得到有针对性的解决。

2022年12月6日，宁夏回族自治区教育厅办公室命名挂牌新一轮自治区中小学名师工作室主持人，我有幸成为新一轮自治区中小学校名师工作室主持人，"冯艳萍名师工作室"挂牌成立。成员经过县、市、区的层层严格遴选。

序号	姓名	性别	年龄	学段	学科	学历	职称	单位	骨干级别
1	张璇	女	32	小学	数学	本科	一级教师	海原县第一小学	县级骨干
2	田智梅	女	34	小学	数学	本科	二级教师	海原县第一小学	县级骨干
3	胡建民	男	33	小学	数学	本科	一级教师	海原县第一小学	市级骨干
4	拓万萍	女	40	小学	数学	本科	一级教师	中卫市第三小学	市级骨干

序号	姓名	性别	年龄	学段	学科	学历	职称	单位	骨干级别
5	张 静	女	35	小学	数学	本科	一级教师	中卫市第六小学	市级骨干
6	白学静	女	35	小学	数学	本科	一级教师	中卫市第十二小学	市级骨干
7	田海娟	女	37	小学	数学	本科	一级教师	中卫市第二小学	市级骨干
8	杨艳芳	女	43	小学	数学	本科	一级教师	中宁县第一小学	市级骨干

三、工作室的定位与目标

1. 定位

以"名师引领、传承创新、资源共享、辐射带动"为原则,以青年骨干教师为核心团队,以培养名师为主要任务,共同开展学科研究、教改探索和教学磨练的实体与网络相结合的新型教研活动。

2. 目标

用三年的时间带出一支队伍、研究一项课题、辐射一个区域、带动一门学科、孵化一批成果,成为区域内小学数学学科教育教学研讨、课题研究、课程建设、教育资源开发、教育成果辐射、学科专业引领的主阵地,成为未来名师培养的孵化园。

3. 理念

努力践行"教师成长的共同体,教学改革的实验室,高效课堂的发源地,教学质量的促进者"的工作理念。

4. 常规工作

定期例会、专题研讨、课堂观摩、课题研究、档案管理、考核评价。

5. 实践研究

以课题为引领,围绕"名师课堂"研究主题,开展专题研修、课堂教

第一章 工作室建设

学、专家讲座、送教讲学、网上研修、交流考察等活动。

6. 工作制度

采用导师跟踪制、课堂交流制、课题引领制、成果辐射制、资源共享制等工作制度。

7. 具体目标

（1）升华教育情怀，成为优秀教师的聚集地。工作室吸纳了一批有发展潜力的青年教师，通过各种教学教研活动的有效开展，力求在一个工作周期内使工作室成员在师德规范上成为标兵，在课堂教学上展现新风，在课题研究上收获成果，实现工作室成员的专业成长和专业化发展。

（2）提升专业素养，成为专业能力的成长地。工作室以民主、开放的态度，在成员中倡导资源互通、能力互补、思想共享；加强对外联系，合理利用社会资源，学习县内外工作室建设经验，理性借鉴他人研究成果，取长补短，发展自我；通过课例打磨，开展专题研讨活动，发挥名师及团队骨干的示范、引领作用，全面提高工作室成员的专业素养。

（3）提炼教学成果，成为科研创新的前沿地。工作室将营造浓郁的教科研氛围，凝聚集体的力量，在实践中总结教育教学经验，探索教研教改的新思路、新路径并确立一项有指导意义的科研课题，提升每一位工作室成员的教科研水平，提高教育教学论文发表的数量和档次。

（4）提升辐射效能，成为先进成果的分享地。工作室将开设微信公众号和宁教云平台的工作室专栏以及时传递工作室成员的学习成果，展示工作室成员的研究成果，使工作室的网络平台成为小学数学学科教学动态的工作站、成果的辐射源和资源的生成站，以互动的形式面向广大教师和学生及家长，使师生广泛受益。

（5）加强成果分享，成为未来名师的孵化地。工作室教育教学、教科研等成果将以论文、案例、微课、课件、研究报告等形式向外输出，加速工作室成员的专业成长，培育一批理论水平高、教学业务精、创新能力强的骨干教师、学科带头人、名教师或特级教师。

四、主要工作措施

1. 制定发展规划

工作室成员根据自身的基础和发展潜能，科学地制定各自的三年发展规划，团队帮助成员认清专业现状，认清专业发展方向和目标，并为成员在课堂教学、专题研训等方面如何发展制定发展任务。帮助成员写好《个人发展年度规划》。帮助成员分析个人的特长与劣势，并为各成员详细规划出三年发展的总体目标（包括师德素养提升、阅读学习计划、优秀档次目标、学科规划、教科研提升规划等）以及本学年培养计划和培养目标。

2. 动态驱动内省

以《工作室动态》为抓手，及时在宁教云工作室平台和微信群、微信公众号及时发布教学反思、培训心得、经验介绍、教学研究、学科前沿等专业成长、学科引领方面的动态内容，每月发布动态两篇以上。

3. 规范日常管理

每两周都要进行一次研讨活动，对每周出现的教学疑难及教学反思及时交流达成室内共识，每学期开设校级教育热点、难点论坛讲座一次；每月开展一次在线学科教学研讨活动；每学年召开两次研讨会，工作室每位成员每学年上校级公开课两节以上，有机会则安排进行一次外出交流学习；每年至少一次聘请专家举行专题讲座，进行理论指导；工作室每年设计制作微课4节。

4. 强化教育理论学习

工作室主持人带领所有成员学习《义务教育课程标准（2022年版）》，并撰写思考和感悟。工作室征订相应数量的小学数学学科前沿书籍，并推荐工作室成员阅读。每位成员依据自己的情况制订相应的读书计划，每年阅读5本教育教学专著，并作6 000字以上的读书笔记或反思体会。

第一章 工作室建设

15

5. 明确教育培训职责

工作室每年做县级以上教师培训讲座至少一次或教研片区教师培训讲座不少于两次；工作室每学年至少要有一节县级以上公开课或观摩课，或开设一次不少于30人次的沙龙活动。工作室积极承担校本培训课程的研发、讲授和指导工作；定期集中开展教学实践研讨活动，同时开展线上主题交流研讨活动，做好翔实的记录和反思；定期集中就各自对当前教学中的热点、难点问题进行课例研讨、评课沙龙等活动，形成一些解决问题的策略和方法。工作室每位成员帮带1～2名青年教师或新入职教师。

6. 强化教科研意识

工作室届内至少承担一个市级以上课题，按时完成年度研究任务；工作室成员任期内在省级以上公开学术期刊或《宁夏教育》期刊上累计至少发表小学数学学科教学研究论文5篇。工作室每年的活动方案侧重点略有不同，开展不同的系列活动。每年都有固定活动，成员要有条不紊地实施"七个一"发展工程。

7. 加强与不同学科的工作室、研究团体进行横向、纵向交流

在学习其他工作室的研究方式与研究作风的同时，实现资源共享、思维碰撞、共同提高。

8. 工作室成员实行动态管理

每年考核一次，由工作室主持人负责，考核情况及时备案。对考核不合格者将取消其成员资格，同时按有关程序吸收符合条件、有发展潜力的新成员进入工作室。

9. 整理资料

建立健全工作室管理制度，收集整理好档案资料。

五、研修方式

本次成员培养由高校名师和名师工作室协同承办，依托高校在教育教学理论、教学科研指导、课程改革研究、学科前沿动态等方面的专业引领作用，发挥名师工作室对教师专业发展的指导、提升和优化教学实践功能，培养一批骨干教师。

（1）采用专家引领、任务驱动的模式，做到团队研修与示范引领相结合，个人自主研习与集体培训相结合。

（2）建立"研课、研讨"制度，理论研习与教学实践相结合，课题研究与教学反思相结合。

（3）建立"共同体学习"制度，线下研讨与网络研修相结合，自学和集体学习相结合。

六、具体工作规划

第一年（2023年4月—2024年4月）

（1）组建工作室，选拔工作室成员，制订和论证工作室三年计划、工作室管理制度、学员年度考核评分细则及本年度工作。

（2）完善配套设施，指导工作室成员根据自身基础和发展潜能制订个人三年发展规划，建立个人专业成长档案，建立工作室公众号，建立工作室QQ群、微信群等。

（3）结合工作室研究主题，坚持开展读书活动，组织成员认真研读1~2本教育教学理论专著，写读书笔记、交流学习心得，并把先进理念应用到教学实践中去。

（4）依托高校的理论培训，着力提升成员的师德水平、课堂教学能力、教育科研能力等。

（5）工作室每年做培训讲座1~2次；工作室每学年至少要有一节县级以上公开课或观摩课，或开设一次不少于30人次的沙龙活动。积极承担校本培训课程的研发、讲授和指导工作。工作室成员每学年至少完成一篇专业论文，并获市级以上奖励或在公开刊物上发表。

（6）充分利用好工作室微信公众号平台，及时发布工作室研修动态、研究成果等。

第一章 工作室建设

（7）申请市级或区级课题研究一项，争取立项。

（8）本年度工作总结及展示。

第二年（2024年4月～2025年4月）

（1）读书、理论学习常态化，坚持每天阅读，每周打卡、交流，每学期写一篇读书心得。

（2）开展校际教学交流活动，确定专题，举办相关论坛活动。

（3）结合县域教研工作开展教学观摩、专题讲座等活动，推广工作室教育理念和阶段研究成果。

（4）积极参与科研课题研究，力争科研课题出成果，工作室申报一个省或市级课题，确保每位学员3年内至少有一篇质量较高的研究论文获市级以上奖项或在公开刊物上发表。

（5）组织学员到其他名师工作室参观学习；通过和其他工作室互访、案例分享与分析等形式，加强主持人之间的相互学习和交流，促进主持人对自身工作室建设与管理理念的反思，完善工作室的制度建设。

（6）坚持做好微信公众号日常动态展示及资源共享。

（7）本年度工作总结及展示。

第三年（2025年4月～2026年4月）

（1）工作室成员提升个人教学理念、特色，完成学习记录及总结，整理个人成长档案。

（2）举行"工作室成员课例展示活动"，展示工作室阶段成果。

（3）提炼总结课题研究成果，将论文资料、主题研究成果等结集成册，利用公众号、县域教研、送教下乡等活动对研究成果及时进行展示、推广。

（4）总结工作室建设经验、主题研究活动经验，加强和其他工作室的交流，分享工作室经验，提高工作室成果的展示度和影响力。

（5）提交研究的成果材料和工作室总结材料，接受各级教育部门的评估。

七、保障措施

建立工作室专项经费和工作室制度保障。（见附件1至附件3）

附件1：

冯艳萍名师工作室工作制度

为确保宁夏回族自治区"冯艳萍名师工作室"顺利开展活动，特制定以下工作制度：

（一）例会制度

1. 每学期召开一次计划会，讨论本学期计划，确定工作室阶段目标及专题讲座内容。

2. 每学期召开一次阶段性工作情况汇报会议，督促检查各项工作的实施情况，解决实施过程中的难点。

3. 每学期召开一次总结会，总结经验成果，梳理存在的问题，研究解决问题的办法。

（二）学习制度

1. 工作室成员及学员平时以自学为主，在海原县第一小学的成员及学员参加每周一期研讨活动，提升学科素养；中卫、中宁较远的学员采取自学形式。

2. 每学期至少集中跟岗学习一次，并利用工作平台交流学习心得。

3. 每学年按照工作室列出的书单至少读5本教育理论书籍和小学数学相关书籍，做好读书笔记和交流互动。

4. 每学期听取至少5节名师工作室开展的公开课，每节课都必须有详细记录及点评。

（三）研究制度

1. 工作室每月开展1~2期研讨活动，每期不少于4学时，各学员要做好学习活动记录。

2. 积极开展课题研究。

3. 建立名师工作室网页，各成员及学员应积极上传学案或课例至工作室网站，其他成员及学员要对上传的学案或课例进行阅读、修改、评价，写出自己的意见。

4. 积极参与本校教育教学研究活动，完成教务处交给的工作任务，并积极推广先进经验，指导同学科教师共同进步。

（四）责任制度

1. 终身学习，敬业爱岗，无私奉献，团结协作，积极进取。

2. 制定个人三年发展规划和当年的个人研修计划，建立工作室成员档案，记录培养过程。

3. 每学期工作室成员至少上一节公开课，各成员上课后将课例上传到工作室网站，开展评课、议课活动，提高工作室成员或学员的教育教学能力，并记录存档。

4. 每学年工作室聘请专家或主持人做1～2场专题报告。

5. 每年每位成员或学员要写一篇教育教学论文并争取在公开刊物上发表。

（五）考勤制度

遵守工作室的纪律要求，积极参加工作室组织的各种会议、专题报告、教学研讨等活动，各项活动要按时签到。如果无故缺席三次工作室活动，视为自动退出工作室。

（六）档案管理制度

工作室助理以学期为单位，对工作室主持人、专家顾问、成员及学员的计划、总结、听评课记录、公开课教案、教学设计、讲座、报告、论文、专著等材料进行收集、归档、存档，为个人的成长和工作室的发展提供依据。

附件2：

冯艳萍名师工作室成员考核方案

为使名师工作室培养自治区、市级名师骨干教师的工作落到实处，促进青年教师的成长，真正能在全自治区小学数学教育教学中起到示范、带动、引领、辐射作用，特制订本考核方案。

（一）考核指标

1. 制订个人三年发展规划、学年度专业发展计划、学年度研修总结。

2. 加强理论学习，撰写读书笔记。

3. 紧紧围绕工作室研究的主题，积极开展教育科研活动。

4. 做公开课或网络专题讲座。

5. 善于反思、及时总结教育教学过程中的得失。

6. 要有完整、真实、可信的过程性资料（包括个人发展规划、总结、读书笔记、听课笔记、学生活动资料、发表论文、研究课、示范课教案、讲座稿等）。

（二）考核办法

考核采取阶段考核与年终考核相结合、量化考核及过程表现相结合的方式。考核结果分为优秀、合格、不合格。

1. **阶段考核**

每学年按上、下两个学期将学员自评与核心组成员他评相结合。阶段考核不合格者，补齐缺项任务后，可进入下阶段学习研究活动。

2. **年终考核**

年终结束后，工作室主持人根据考核的指标要求对每位学员进行综合考评。

3. **考核管理**

量化考核成绩装入个人成长档案袋，考核结果上报至教育厅主管部门。

（三）考核内容

1. 师德师风

有下列情形之一的，经证实且由教育部门批准，取消考核资格。

① 师德师风存在问题，有体罚、变相体罚学生，从事有偿家教，有损教师形象的。

② 单位年度考核不称职的；不能履行骨干教师、名师职责，未完成年度任务的。

③ 不安心教育教学工作，未经组织批准外出应聘的。

④ 工作严重失职，造成恶劣影响，受到党纪、政纪处分的。

2. 综合能力

按规定时间提交以下材料：

① 规划与总结：包括个人三年发展规划、学年度专业发展计划、学年度研修总结。

② 理论研修：集中研修报告、读书报告（每学年不少于两篇）或在CN刊物上发表论文一篇或撰写论文获市级以上奖励。

③ 实践研修：教学反思（每学年不少于两篇），校级公开课每期至少一次（教学设计）。

④ 示范引领：培训期内参与送教下乡，指导1～2名青年教师获校级以上优质课或其他教育教学成果获奖（证书或材料佐证）。

⑤ 课题研究：课题立项申报书，开题报告、中期报告、结题报告材料齐全。

⑥ 网络研修：实时上传教育信息资源，分享教育教学成果；在工作室网络论坛中至少发言10次。

（四）量化考评

一年为周期，对学员进行量化考评，最终考核成绩取两个周期成绩的平均值。

1. 过程表现（40分）

① 培训周期内按时并全程参与工作室组织的集中研修、网络研修等各项活动，得30分。

② 奖励加分10分。在各项研修活动中积极参与展示交流，一次得2分，最多得10分。

③ 集中研修活动中，无故缺席一次扣10分，网络研修缺席一次扣6分；确有事请假者，分别扣5分和3分。

2. 结果考核（60分）

① 研修材料（50分）。培训周期内及时提交工作室要求的各项材料，如个人规划、总结、课题研究报告、研修心得、读书笔记、听课记录等，得50分。

② 奖励加分10分。所提供材料被工作室公众号录用发布，一次奖励2分，最多奖励10分。

③ 未按时上交各类材料，缺一项扣5分。

3. 奖励加分（20分）

学员在培训期内，获得国家、自治区、市级荣誉、优质课及发表论文、指导青年教师或学生取得奖项等给予奖励加分。

① 培训周期内获得自治区级及以上荣誉一项，加5分；市级荣誉一项加3分，县级及校级一项加2分。

② 在中文核心期刊发表论文一篇，加5分；在CN期刊发表论文一篇，加2分。

注：①量化考核总分120分。80分以上为合格，100分以上为优秀。②骨干教师以后申请上一级骨干教师时，考核要达到优秀。③培训周期内出现师德师风等问题的，实行一票否决制。

第一章
工作室建设

附件3：

《工作室成员培养手册》样表

研修学习的家园

交流分享的乐土

教师圆梦的舞台

冯艳萍名师工作室成员培养成长手册

（202×—202×学年度）

姓　　名：　　　　　　　　教　　龄：

所在学校：　　　　　　　　职　　称：

任教学科：　　　　　　　　联系电话：

填写说明：

《冯艳萍名师工作室成员培养成长手册》的编印旨在通过各项内容的设计引领，规范和指导成员的学习活动过程，详细记录每个教师成长的足迹，专业发展的历程，帮助成员及时发现和总结专业发展中的经验和教训，促进成员专业全面、科学、健康地发展。

该手册作为学员的主要考核依据，应书写规范，语言精练，按照时间节点认真完成，年末上交存档。本手册具有一定的针对性，要求成员在一年内完成。

（一）个人三年发展规划

本人基本情况	姓名		性别		出生年月		学历	
	教龄		职称		任教学科		专业	
个人三年发展规划	三年发展总目标：							
	具体目标（如师德、骨干、职称、教育教学、教科研、学历进修、拓展学科等方面）：							

（二）本年度个人研修计划（202×年×月—202×年×月）

（如师德、骨干、职称、教育教学、教科研、学历进修、拓展学科等方面）

（三）专业发展年度大事记

1. 承担的教育教学工作

时间	任教学科	任教年级	其他

2. 承担的公开课

时间	级别	课题

3. 撰写的论文

时间	题目	发表、交流	获得奖项

第一章 工作室建设

4. 培训、进修

时间	讲座人	讲座题目	地点

5. 本年度获得的各类奖项或荣誉

奖项、荣誉名称	授予单位	获奖时间

6. 本年度指导学生获奖

时间	学生姓名	获奖内容	颁奖单位

7. 组织学生参加教育教学活动

时间	年级班级	参加人数	活动内容

8. 其他

（四）工作室研修活动记录

1. 研修活动

时间		地点		主持人	
内容摘要					
体会					

2. 课题研究

课题题目	
本人承担任务	
研究成果形式	

具体任务实施情况：

任务计划	
实施情况	
反思	

3. 公开、示范、优质课（每年上交一篇优质教学设计和课例实录）

时间		地点	
级别		班级	
课题			
教学设计	（以附页形式打印上交）		
说课	（以附页形式打印上交）		
反思			

4. 指导青年教师或新入职教师情况

时间		地点		班级	
级别		执教人		学科	
课题					
指导摘要					
指导意见					

（五）外出培训记录

时间：_____　　地点：_____

主讲人：_____

题目：_____

内容：_____

_____

_____

_____

（六）外出培训心得

（七）每年阅读5本及以上相关研究主题书籍（每年达到6000字学习笔记）

书名	作者	梗概

（八）学年度研修总结

具体研修情况（如师德、教育教学科研、研修历程、收获和不足、改进措施和今后努力方向等方面）：

（九）学习成长鉴定

姓名		年龄		职称		骨干级别	
学习时间		年　月　—　年　月					
自我鉴定	收获与发展						
	下一步打算						
主持人评语							
鉴定意见							

第一章　工作室建设

第二章

课题建设

"231"高效教学模式之小学中高年级学生数学合作学习策略研究

开题报告

课题名称："231"高效教学模式之小学中高年级学生数学合作学习策略研究

课题编号：JXKT-XS-05-103

课题类别：基础教育

学　　科：数学

课题组核心成员：冯艳萍　马安全　吴爱琴　金学花　曹　畅

　　　　　　　　吕红嫚　白雪霞　张　璇　田智梅

一、研究的背景和意义

《义务教育数学课程标准（2011年版）》中提出：数学教学活动要求在教学过程中以小组活动为基础，以学生探究为主，把互动式、多样化、个性化的学习融合在一起，以活动化的教学形式发挥学生的自主性、能动性和创造性。要大力提倡合作学习。

为响应海原县教体局"深化教学改革，打造高效课堂"的要求，我校于2014年引进了金凤区三小"学讲练"70分教学模式（后又改为"231"高效教学模式），其核心理念就是对子合作学习、小组合作学习。在实验中，我们发现这个模式能够真正提高学生的学习兴趣、表达能力、思维品质、自主学习能力。由于我校是一个小县城学校，处于城乡接合部，随着打工热潮，我校生源70%来自农村，其中一部分生源来自租房户，父母出去打工，由爷爷或奶奶照看，甚至几家合雇一个人照看孩子。因此，课前预习往往落实不到位，影响课堂合作学习效果（预习程度不同，合作学习起点不同，教师的导学也有难度）。为此，我们提出此课题，希望借助课前通过有效的小对子或小组合作学习，使预习有深度，课堂合作有效甚至高效，师生合作默契，从而提高教学质量，提高学生的探究意识、合作意识、合作能力、创新意识、自主学习能力，为学生的后期学习打下坚实的基础。

二、拟研究解决的问题

"231"高效教学模式中学生能课前预习并有效合作学习，预习到位；课堂上小对子或小组合作学习高效；师生合作默契；教师对学生个人的评价、对小组的评价及时、准确，并有激励作用；学生小组间的互评有效，小组内的评价准确、到位并有激励作用。

三、研究目标

"231"模式提倡的"主体性"的概念，是指学生是主体，学习是学生自己的事情，课堂是学生的课堂；对学生主体性的强调是提高学习效率的一种探索，针对教与学的关系从时间、空间、策略等方面进行了有效整合。我们本着高效课堂的特征"效率的最大化，效益的最优化"进行本课题的研究。具体目标如下：

（1）改善课堂教学模式，探索高效课堂教学规律。

（2）促进教师的专业发展，提升教师的课堂教学艺术。

（3）教会学生主动学习，激发学生的内在学习动力。

（4）减轻学生的学习负担，降低教师的工作强度。

（5）通过改革，使教师的教与学生的学达到无形而有神。

"231"高效教学模式中关于合作学习的课题研究，使我们借用别人的道路，走出自己的路。

四、国内外研究现状

心理学家约翰逊认为："在课堂上，学生之间的关系比任何其他因素对学生学习成绩、社会化和发展的影响更强有力。"现代合作教学理论也非常重视课堂学习中的生生互动状态，主张课堂上应该把大量的时间留给学生，使学生有机会互相讨论，共同探究，从而起到一种"共振"作用，这就是美国著名物理学家温伯特所谓学习中的"共生效应"，这种效应能使学生之间相互交流、仿效和矫正，有利于学生的共同发展。从我国课改形式来看，提高学生的学习能力是我国课程改革的必然趋势，数学课程改革的核心问题就是改变学生的学习方式，让学生积极主动地投入到互动合作学习过程中，使学生乐于主动表达，敢于交流，善于思考，真正培养学生数学学习能力，发展学生数学思维，促进学生可持续发展，使课堂充满生机活力。这不仅能培养人的主动精神、探究欲望，而且也是国家发展对未来人才的要求。另外，如果学生具有了互动合作学习数学的能力，就能扭转一部分学生认为数学难学而厌学的局面，对学生具有实质的帮助意义，也可以从根本上解放教师，促进教师对数学课程特点的研究，使教师能够致力于学生学习方式的改善、提高学生学习能力的研究，从而对学生的终身学习负责。《有效教学，和谐教育》《24字教学法》《合学教育，突破合作学习的五大瓶颈》等书中分别从概念、教学过程、特点、学习方法、小组组建、综合评价等方面对合作学习进行了阐述。

五、核心概念的界定

小组合作学习是20世纪70年代初兴起于美国，并在20世纪70年代中期至80年代中期取得实质性进展的一种富有创意和实效的教学。小组合作学习要求学生互助合作尝试探索知识，并以小组的总体成绩作为评价和奖励的依据。各小组成员都必须视小组的成功为个人的成功，从而使每一个成员不仅要学会要求掌握的知识，而且要关心和帮助组内的其他成员获得成功。教师在教学过程中充当监控者和咨询者的角色，学生在自己所在的小组里扮演"专家"或"教师"的角色，与小组同伴共享学习资料，互相影响，互相信任，共同努力以实现小组目标要求，从而使学生有较强的独立自主意识，有强烈的求知欲，能够合理地安排自己的学习活动，敢于质疑问难而进行的一种学习模式。合作学习需要教师的点拨与指导，有计划有目的地进行学习。在合作学习中，学生是主体，教师起主导作用；合作学习时，教学任务看似轻松，实则对教师整体素质提出更高的要求，教师每出现一次，就要高水平发挥一次作用。要想在有限的出场机会中实现高水平发挥，教师就要不断学习，提高境界，提高素养，提高教学能力。

六、研究方法

（1）行动研究法：针对本校开展的"231"教学课堂，对活动和实践中的问题，在行动研究中不断探索、改进教学管理和方法，解决教学中的实际问题，真正地实现高效课堂。

（2）教育实验法：在学校四（6）班、五（1）班通过"231"模板课堂实验后找到两班学生与其他5个平行班学生在学习中的变化，同时找到适合指导学生学习的方案。

（3）问卷调查法：设计制定面向小学中高年级学生的问题，内容主要涉及当前合作探究教学在小学中高年级数学教学中的应用与研究中存在的不足，课堂高效与学生的综合评价有哪些方面需要改善。通过调查得出结论，寻找解决办法。

（4）文献查阅法：通过上网查阅"231"高效教学模式相关论文及专著，如《24字教学法》《231的情怀》等，并查阅其他合作学习资料，了解"231"高效模式之小学中高年级数学合作学习的策略研究中的研究方法，以完善指导性计划的内容。

七、研究步骤

本课题研究从2018年3月开始到2019年12月结题，共分三个阶段。

（一）准备段段

我校从2014年开始，就已对"231"高效教学模式进行了实践，组织教师学习了"231"教学模式理论，并在小学3～6年级进行了实践。

（二）准备阶段（2018年3月15日—4月30日）

（1）进一步学习"先学后教"理念、"231"高效教学模式等相关理论，查阅书籍资料。

（2）召开课题研究会议，讨论、论证课题方案的可行性，初步制订研究方案，明确研究思路，落实研究任务。

（3）制定调查问卷：设计《"231"高效模式之小学中高年级学生数学合作学习策略研究》在全体教师中开展问卷调查，从教师自身对合作学习的活动、意识以及对课堂活动的回顾与评价等方面入手，了解教师对合作学习的认识，总结在开展合作学习活动中的得失，并分析原因。

（4）课题小组成员分工（重点研究、互相合作）。

（三）实施阶段（2018年5月—2018年12月）

（1）以四（6）、五（1）班为重点实验班与其他普通实验班进行对照，通过听课、评课活动，研究小组合作学习的策略，针对在课堂教学中存在的问题，分析教学效果，观察优化教学的策略和组织教学活动的能力。

（2）召开课题小组研讨会：2018年6月、2018年12月、2019年6月课题小组集中研讨研究进度，调整研究方法。

（3）召开课题专题研讨活动，进行课堂教学观摩，组织教学设计、教学案例、学讲稿编写，听评课等交流讨论。

（四）总结阶段（2018年7月—12月）

（1）制订城乡接合部学校"231"高效教学模式小组合作学习的方案（课前预习合作、课堂合作）。

（2）确定城乡接合部学校小组合作学习综合评价方法。

（3）对照课题方案进行全面总结，整理资料，分析反思，完成各项成果资料汇编工作，撰写结题报告（论文）。

八、研究成果预期形式及内容

"231"高效教学模式的核心理念是小队子合作学习、小组合作学习。合作学习是新课程改革中提倡的一种重要的探究性学习方式。"231"高效教学模式有三个模块：课前预习、课堂教学、课后练习。通过本课题的研究，教师掌握学生课前预习合作方式，提高学生预习效果，培养学生预习的习惯；学生掌握预习的方法，形成自主学习能力，课堂上愿意与他人合作，善于合作，合作高效；小组内学生间的评价恰当并有激励性，教师对各小组的评价准确并有激励性，学生和教师发生教与学的变化。

（1）揭示小对子合作学习、小组合作学习内涵。

（2）探究出课前预习对子合作学习、小组合作学习方式。

（3）探究出学生课堂小对子合作学习、小组合作学习方式、方法。

（4）探究出学生合作学习综合评价方案。

（5）通过本课题的研究，预期成果以阶段性总结（论文）、结题总结等形式呈现。

结题报告

课题名称："231"高效教学模式之小学中高年级学生数学合作学习策略研究

课题编号：JXKT-XS-05-103

学　　科：数学

主持人单位：海原县第一小学

市、县（区）：中卫市海原县

课题组成员：冯艳萍　马安全　吴爱琴　金学花　曹　畅

　　　　　　吕红嫚　白雪霞　张　璇　田智梅

学生的合作学习知识、解决问题，已经成为当下比较高效的学习策略。我校生源70%来自农村，其中一部分孩子是留守儿童，其课前预习往往落实不到位，影响课堂合作学习效果，同时发现学校原来课堂教学合作学习中存在着较多的问题。借助我校2014年引进金凤区三小"学讲练"70分教学模式（后改为"231"高效教学模式）机遇，2018年3月15日我们确立课题《"231"高效教学模式之小学中高年级学生数学合作学习策略研究》，希望此课题解决小学中高年级课前预习无深度、课堂合作不高效的难题。探究小对子合作学习、小组合作学习的方式、方法，其目标是改善课堂教学模式，探索高效课堂教学规律；教会学生主动学习，引导学生积极展示自己，激发学生的内在学习动力。本课题研究分准备、实施和总结三个阶段进行，在各研究实践中逐步达标。通过近两年的实验、研究、探索，师生在教育教学行为中有了可喜变化并取得了显著的成绩，使学生受益，让教师减负。此课题结题后，我们将一如既往地做好后续的研究工作和研究成果的推广，让课题成果在全县范围内共享，实现相互学习、共同提高的目的，实现全县教师素质能力共同发展提高以及教育教学质量普遍提高的目的。

一、课题研究的背景

美国著名教育评论家埃利斯指出："如果让我举出一项真正符合'改革'这一术语的教育改革的话，那就是合作学习。"合作学习被誉为当代教育理论、研究和实践中影响最大、成果最多的领域。就怎样才能激发起学生学习数学的兴趣，培养学生的创新能力、发展学生的核心素养而言，合作学习已经成为当下比较高效的教学策略。实践证明，合作学习对提升课堂教学活跃度、改善学生学习效果等方面效果明显，已经成为教育者比较认可的教学改革手段之一。《义务教育数学课程标准（2011年版）》中关于合作学习方面提出：数学教学活动要求在教学过程中以小组活动为基础，以学生探究为主，把互动式、多样化、个性化的学习融合在一起，以活动化的教学形式发挥学生的自主性、能动性和创造性。

为响应海原县教体局"深化教学改革，打造高效课堂"的号召，我校2014年引进金凤区三小"学讲练"70分教学模式（后改为"231"高效教学模式），其核心理念就是对子合作学习、小组合作学习。经过几年的实验推广，我们发现这个模式能够真正提高学生学业成绩、自尊心、自信心、激发学习动机，使学生形成对学习和学校、家长和校长的积极态度，形成更高水平的推理策略、更加娴熟的合作技能及从他人角度审视情境的能力。同时发现，该模式在提高批判性推理能力、解决冲突能力，改善合作小组之间的关系方面也有明显成效。由于我校是县城学校，处于城乡接合部，随着打工热潮，我校生源70%来自农村，其中一部分生源来自租房户，父母出去打工，由爷爷或奶奶照看，甚至几家合雇一个人照看孩子。因此，课前预习往往落实不到位，影响课堂合作学习效果（预习程度不同，合作学习起点不同，教师的导学也有难度）。同时，在学校原来课堂教学合作学习中存在着较多的问题。例如，不仔细研读教材，没有对课堂问题进行难易判断，抓不住合作的时机；小组合作时间把控不好；不注重培养学生的合作意识；不重视自身理论的提升，等等。为此，我们提出此课题，在名校的引领下，结合我校实际情况，希望借助课前通过有效的对子或小组合作学习，使预习有深度，课堂合作有实效甚至高效。

二、课题研究的内容、目标、方法和过程

（一）研究的内容

"231"高效教学模式有三个模块：课前预习、课堂教学、课后练习。"231"高效教学模式的核心理念是小对子合作学习、小组合作学习。内容有：

（1）揭示小对子合作学习、小组合作学习内涵。

（2）探究出课前预习对子合作学习、小组合作学习的方式、方法。

（3）探究出学生课堂中小对子合作学习、小组合作学习的方式、方法。

（4）探究出学生合作学习综合评价方案。

（二）研究的目标

我们本着高效课堂的特征"效率的最大化，效益的最优化"进行本课题的研究。具体目标如下：

（1）改善课堂教学模式，探索高效课堂教学规律。

（2）促进教师的专业发展，提升教师的课堂教学艺术，使教师的教与学生的学达到无形而有神。

（3）教会学生主动学习，引导学生积极展示自己，激发学生的内在学习动力。

（4）减轻学生的学习负担，降低教师的工作强度。

（三）研究方法

研究方法主要有观察法、文献研究法、教育实验法、行动研究法、比

较分析法、案例研究法、经验总结法。

（四）研究过程

本课题研究分三个阶段进行，在各研究实践中逐步达标。

1. 准备阶段（2018年3月15日—4月30日）

（1）申报课题。准备问卷调查表，申报立项，拟订课题研究方案，确定实验班级为四（6）班、五（1）班，明确课题组成员分工。

（2）加强理论学习。积极学习教育学、心理学相关内容，学习数学课程标准并学习在《宁夏教育》等教育教学期刊上发表的相关论文，着重研读《"231"高效教学模式》《24字教学法》《"231"的情怀》等专著，深入了解"231"高效模式之中小学中高年级数学合作学习的策略研究中的研究方法，获得理论支撑。

（3）发放问卷后，整理出意见并探讨我校关于对子合作学习、小组合作学习目前存在的问题和困难，研究制订课题的具体实施计划。

（4）对课题组成员及辅助人员进行培训。

（5）初步实施。在实验班尝试运用对子、小组合作学习。

（6）撰写课题研究第一阶段工作总结，在总结中查缺补漏，为第二阶段的研究奠定良好的基础。

2. 实施阶段（2018年5月—2018年12月）

第二阶段为试验全面实施阶段，在这一阶段，主要做了以下工作。

（1）进一步学习有关合作学习的理论，全面学习有关教育理论，引导学生初步学会合作学习的步骤，提出问题—对子、小组合作—学生反馈—教师小结。

（2）以四（6）、五（1）班为重点实验班，与其他普通实验班进行对照，通过听课、评课活动，研究小组合作学习的策略，针对在课堂教学中存在的问题，分析教学效果，找到适合指导学生学习的方案。在实验班和非实验班开展相同内容的问卷调查，通过制作调查报告，总结了实验的成败与得失。

（3）召开课题小组推进会：2018年6月、2018年12月、2019年6月课题小组集中研讨研究进度，调整研究方法。自实验以来，针对活动和实践中的问题，在行动研究中不断探索、改进教学管理和方法，解决教学中的实际问题，真正地达到高效课堂。

（4）收集国内外有关合作学习的资料，进行归纳整理，建立资料库，以备查用。

（5）在实验班开展了各种类型的合作学习活动。通过开展合作小组"手抄报展评"，收集到了很多内容丰富、形式多样、颇具美感和创造性的手抄报。通过开展合作小组"数学竞赛"，发掘了很多数学小能手。通过开展"在合作中竞争，在竞争中团结"的中队活动，加强了小组间团结合作的意识。通过开展"合作小组课外实践活动"，使合作由课堂内延伸到了课堂外，由学校内延伸到了学校外。

（6）撰写课题研究第二阶段工作总结。

3. 总结阶段（2019年7月—2020年12月）

（1）对城乡接合部学校"231"高效教学模式小组合作学习进行小结（课前预习合作、课堂合作）。

（2）对城乡接合部学校小组合作学习综合评价方法进行小结。

（3）对照课题方案进行全面总结，整理资料，分析反思，总结试验的得失。通过对实施过程中及时记录的有关情况的分析，继续深入调查研究，不断修改初始成果的得失，完成各项成果资料汇编工作，撰写结题报告，形成论文。

（4）利用网络名师工作室的便捷效应，对"231"高效教学模式之小学中高年级数学合作学习策略研究上的示范课，开展线上线下研究活动，做好教研活动。

（5）收集课题研究成果，撰写试验论文及研究报告，通过课堂教学、课外活动等形式，记录体会并写出学术论文研究报告。

三、研究目标的达成情况

通过近两年的实验、研究、探索，师生在教育教学行为中有了可喜变化并取得了显著的成绩。

（1）对子、小组合作学习是一种有效的教学模式，它的长期运用使教师实现了有效教学。作为一种教学模式，对子、合作学习使师生身心的距离拉近了，师生之间建立了民主、平等、和谐的关系，有利于良好班集体的建立；通过对合作学习的研究，教师的教育教学水平有了明显提高，在课堂上出现了"师生互动，生生互动"的良好局面，切实提高了课堂教学效益，优化了教学效果。在试验后，课题组成员通过集体备课《可能性》，由田智梅主讲并在全区第十四届小学数学优质课暨主题教研成果评比、展示、观摩、研讨活动中获得二等奖，这节课也在学校公开课中进行示范。金学花老师《组合图的面积》是在学生掌握了长方形、正方形、平行四边形、三角形、梯形的面积后的一节综合能力的计算型课，该课以学讲稿为载体，通过对子、小组合作学习，呈现教学目标、教学回顾、教学探究活动、能力拓展等环节，为实现高效课堂打下坚实的基础，受到县教研室和校领导的高度评价。

（2）对子、小组合作学习是一种有效的学习方式，它的长期运用使所有学生都实现了有效学习。一是优化了课堂教学。作为一种学习方式，合作学习的运用激发了学生学习的积极性、主动性、创造性，使课堂上出现了讨论激烈、发言积极的良好态势。学生因而学得较轻松，收到了事半功倍的效果。二是体现了以人为本。教给学生合作学习的方式，体现了教育的人文性，并使全体学生全面提高了数学素养，为学生的全面发展和终身发展打下了基础。三是有利于学生的全面发展。不管是课内合作，还是课外合作，每次合作都注重过程、方法，注重知识的运用和能力的提高，注重学生的情感、态度、价值观方面的独特感受。长期合作，能使学生的思维、交际、创造等潜在的综合能力得以发掘与提高，在"生活中找数学"

等实践活动中，涌现出了大量的优秀学生作品。还有很多学生在县以上各级各类比赛中获奖。可见，合作学习有利于学生的全面发展。四是有利于学生良好个性、健全人格及正确人生观的形成。当今的小学生，大多是独生子女，大多生活在优越的物质环境中，与他人沟通的能力往往较为薄弱。在合作中，学生懂得了要善于听取别人的意见，懂得了在和人相处中要谦让，懂得了只有团结合作才能获得更多的成功。因而，学生的心胸开阔了、变得大方了、意志力也增强了。在教师的正确引导下，学生逐步形成了正确的人生观。五是学生的学习成绩普遍提高，合格率为100%，优秀率在70%以上。

（3）合作学习不仅有利于学生发展，更有利于教师的专业发展。在尝试中，教师翻阅了大量相关书籍，观看了大量名师视频课，撰写了很多相关论文：吕鸿嫚老师《重视数学语言培养，提升数学思维能力》发表在《宁夏教育》2018年第一期，在论文中，吕老师重视数学语言培养，把"231"合作学习高效教学模式演绎成一种教学艺术；白雪霞老师的《小学低年级数学课堂教学中学生倾听能力的培养》发表在《速读》杂志2018年7月下旬刊，《浅谈小学数学学习兴趣的培养》发表在《速读》杂志2018年7月下旬刊；曹畅老师的《如何落实预习》发表在《速读》杂志2018年7月中旬刊；冯秀老师的《让学生自主参与教学》发表在《速读》杂志2017年10月中旬刊；田智梅老师的《小学数学"主题图"在教学中的应用浅论》发表在《学科教育》上；白雪霞老师的《小学中高年级数学创新思维的培养》发表在《中外交流》上；冯艳萍老师的《名校引领"231"高校教学模式结硕果——小学中高年级数学合作学习策略》发表在《中卫教学研究》上。可见，此课题真正实现了对教师成长的帮助与引领作用。

（4）课题组成果促进了网络名师工作室建设。为了加快推进"互联网+教育"示范校建设，发挥名师骨干教师培养、教育教学改革和学科建设等方面的示范引领作用。遵循"名师引领、传承创新、资源共享、辐射带动"原则，在自治区"第三届塞上名师"冯艳萍老师的主导下，以骨干教师为合作团队，以"师带徒1+1+1"为主要培养形式，共同开展基于线上和线下的学科研究、教改探索和教学磨练的实体与网络相结合的新型工作机制，依托网络充分发挥工作室在骨干教师培养、教学改革研究和学科建设方面的示范引领和辐射带动作用，并共享名师教育资源。通过师带徒、参加集中培训等形式，培养10名学科骨干。在课题研究中，实现"互联网+教育"中的核心素养，充分利用网络工作室的便利条件，广泛整合了视频观摩、论坛交流、疑难解答、网上评课、网上磨课等形式活动的优质教学资源，为课题研究提供了强有力的保障。

（5）课题组成员的可喜成绩。一是集体荣誉感增强，形成了以学科教研组为单位的团队备课组，人人献策，有编制学讲稿的、有打印教案的、有制作课件的，等等。二是"231"高效教学模式能灵活应用。课堂教学中能够建立不同的小对子或小组进行互学、讨论、交流、展示、汇报、合作。学讲稿的编制能将主要内容有层次地进行编写，能引导学生很好地预习。三是重视学习过程的探究，培养学生探究意识与能力。四是信息技术应用能力稳步提升。课件制作精美、播放流畅，互动课堂应用操作熟练，教学助手工具信手拈来。通过两年多的努力，在第二十届全区教师教育教学信息化交流活动中课题组成员张璇老师获得信息技术创新教学案例一等奖。2018年田智梅老师在中卫市举行的"三字一化"技能竞赛中获得一奖；课件《三角形的特性》被评为三等奖。2018年2月，田智梅老师执教的《比例尺》一课，在"一师一优"评选中被自治区评为优课。张璇老师在2019年中卫市教师"三字一化"技能竞赛中获得二等奖。在全区第十四届小学数学优质课暨主题教研成果评比、展示、观摩、研讨活动中，吴爱琴、曹畅老师获得指导奖；冯艳萍、金学花、张璇老师荣获主题教研二等奖。2019年田智梅老师获得中卫市人民政府授予的"师德标兵"称号。2020年，在海原县举办的"抗击疫情、你我同行"的主题活动中，吕鸿嫚老师的教育故事获得一等奖；白学霞老师的《合理购物》课件获得三等奖。在中卫市教育局举办的微课大赛中，曹畅老师的《图形的旋转》获得了二等奖；张璇老师的《比的意义》获得了三等奖；吕鸿嫚老师的《等积变形应用题》获得了三等奖。2020年9月冯艳萍老师获得自治区第三届"塞上名师"荣誉称号。

四、课题研究存在的问题和今后的设想

（一）存在的问题

在本次的实践研究中，虽然我们计划详细，准备充足，积极反思，取得了一些成绩，但还存在一些问题：

（1）研究方法方面：教师给了学生学习的问题和方向，但是学生的课堂呈现没有达到预期，没有很好地完成课堂的教学目标。学生合作时教师对学生要有时间限制，不能让学生无休止地合作，教师要深入合作小组，要不定时地参加到每个小组的合作中去，要不定期地讲评优秀合作小组和优秀组员，让各小组在激励中更好地合作。

（2）过程组织方面：个别教师在研究过程中不注重理论和实践相结合，不灵活，存在生搬硬套的问题，有时在课堂上滥用合作学习，该合作时再合作，即对太难的问题进行合作，否则会造成课堂的混乱，也容易浪费时间。另外，在对子、小组合作学习成果展示方面，学生的评价形式单一，不能有针对性地进行自评互评，教师在评价方面也不能面向大多数学生，对个体成员在小组中发挥的作用评价也不够。教师在学生合作学习指导中，指导不到位。开展合作学习时，教师布置完数学学习任务后，只是关注小组合作的正常开始，而没有关注到个别学生有没有投入到小组合作中去，个别小组的交流还流于表面，课堂气氛虽然看起来活跃，但学生的合作学习效果不是很明显，学生的学习能力没有得到提高。

（3）研究内容方面：研究内容面窄，仅局限于高年级数学课堂，应当拓宽到各个学科各个年级课堂和社会实践，当每个教师都在课堂中灵活运用对子、小组合作学习时，学生的合作意识就会成为常态。

（二）今后的设想

此课题结题后，我们将一如既往地做好后续的研究工作和研究成果的推广工作。将课题在全校乃至全县范围内进行推广，让课题成果在全县范围内共享，达到相互学习、共同提高的目的，实现全县教师素质能力共同发展提高，实现教育教学质量普遍提高。

一是成立课题推广领导小组，成立以学校校长为组长，主管教学校长为副组长，骨干教师、年级组长为成员的领导小组，使课题推广得到坚强组织保证。

二是加强培训学习，不断提高校内小学数学教师素质。定期组织教师学习研究成果，交流学习心得和研究经验。不定期印发课题研究辅导资料和推广情况通报，对参与教师进行研究方法培训，加强参与教师学习的导向和指导。课题推广小组采取多种形式对参与教师进行实验方法的培训，如学生实验前基本情况调查，制订方案，研究资料的记载、搜集、整理，总结报告的撰写，等等，提高小学数学教师的教学理论水平和教育科研能力。

三是认真组织，加强协作。在结合本校实际，认真筛选、论证、应用成果、成功经验的基础上，进行深入研究。定期开展工作交流，了解推广应用和研究情况，总结经验心得，探讨解决带有共性的问题。

四是加强交流，深化研究。其一，上好一节研究课。参加推广的教师在每学期上好一堂研究课，学校备课组定时、定地、定人，组织好组内教师的听课、评课活动，认真做好活动记录。针对开课教师的教学实际提出有针对性的课堂教学改进意见。其二，写好一篇教学论文。参加推广活动的教师坚持每学期写一篇教学反思，根据反思所取得的经验教训，撰写一篇高质量的与课题推广相关的论文。其三，设计一节高质量的学讲稿和教学设计。参加活动的教师在推广成果期间要设计好一堂与成果推广相关的教学设计，要很好地体现对子、小组合作学习。其四，举办一次论坛。在课题成果推广后期，举办一次论坛。注重教研与科研相结合，营造研究式的工作习惯与氛围，提升教师的理论水平，促进教师向学习型教师、研究型教师转型。

五是做好档案资料收集整理工作。建立课题档案，推广实施过程中的有关研究资料，如调查材料、检测材料、研究原始数据及相关统计材料，学生、教师或家长的反馈、评价材料，实施成功或失败的情况及反思的材料，论文、案例、教学设计、个案分析材料，同行或专家指导、评价的材料，照片、课件、录音、视频等材料。

"'231'高效教学模式之小学中高年级学生数学合作学习策略研究"课题研究即将结题，还有许多不尽如人意的地方，在今后的教学实践中，我们将不断探索、发现、实验、研究、完善，为全面提高小学数学素质教育不懈努力。

名校引领，"231"高效教学模式结硕果

——小学中高年级数学合作学习策略

一、"231"高效教学模式改革的新起点

2014年，学校为了深化教学改革，打造高效课堂，与银川市金凤区三小结成手拉手帮扶学校，引进了"231"高效教学模式，其核心理念就是小对子或小组合作学习，该模式符合《义务教育数学课程标准（2011年版）》提出的"数学教学活动要求在教学过程中以小组活动为基础，以学生探究为主，把互动式、多样化、个性化的学习融合在一起，以活动化的教学形式发挥学生的自主性、能动性和创造性，要大力提倡合作学习"的要求，因此本校对该模式进行实验并大力推广。

在课改中，我校的问题逐一显露出来，由于我校是小县城学校，处于

城乡接合部，生源的70%来自农村，学生课前预习往往落实不到位，影响课堂合作学习效果。为此，我们提出《"231"高效教学模式之小学中高年级学生数学合作学习策略》的课题，以使学生在课前有预习，课中有小对子或小组合作学习，课后巩固练习，把学生的自主学习落到实处。

二、"231"高效教学模式改革的新实践

"231"教学模式提倡"主体性"的概念，即以学生为主体，课堂是学生的课堂。我们针对生源，根据教与学的关系从时间、空间、策略等方面进行了有效调整与整合，制定了适合本校的具体目标，改善课堂教学模式，探索高效课堂教学规律，教会学生主动学习，激发学生的内在学习动力；确定了研究内容，我们要求小学中高年级数学新知探究需要课前预习，设计了有效的合作学习形式的课例研究，教会学生怎样主动学习、主动探究、合作交流的方法研究；明确了实施策略，先后学习教学模式理论，并在3～6年级进行了实践与推广，定期召开课题研究会议，讨论、论证课题方案的可行性，以四（6）、五（1）班作为参照物，与其他普通班进行对照，通过听评课活动，研究小组合作学习的策略，针对在课堂教学中存在的问题，分析教学效果，找到适合指导学生学习的方案，观察优化教学的策略和组织教学活动的能力；召开课题专题研讨活动，进行课堂教学观摩，如案例的设计、学讲稿的制定，听评课等交流讨论。在此基础上又制定了城乡接合学校的"231"高效教学模式小组合作学习方案和评价方法，对照课题方案进行分析反思，反思后再进行下一轮研究。

三、"231"高效教学模式改革的新成果

（一）梳理了合作学习的内容

在新旧知识衔接处，开展小对子合作学习，或在学习重点、难点时，引导小组讨论，通过学生猜想假设、设计方案、实验验证、分析交流，使学生对知识理解得更深刻，掌握得更牢固。例如，在五年级上册《可能

性》这节课中，教师创设了情境，鼓励学生动手实践，采取小组合作学习的方式，让学生充分经历猜测、试验、思考与交流的活动全过程，丰富学生对确定现象和不确定现象的体验，加深学生对随机事件的统计规律性及事件发生可能性有大有小的直观感受。

（二）构建了合作学习的层次

"231"高效教学模式课堂分三个层次构建合作学习，第一个层次是小对子合作（两人合作），扎扎实实学习每一个知识点，不留下任何一个学习盲点；第二个层次还是小对子合作（两人合作），在扎实预习的基础上，形成分工，互为补充；第三个层次是针对以上合作（四人、六人等）将学习引向深入，解决那些大问题或困难问题，或者进行研究性学习。通过这几种合作学习模式，思维活跃的孩子可以阐述自己的意见，而对于不爱发言的孩子，也在小范围内留给了他表现的空间，在大家的充分参与下，将所学知识的结果展示给全班同学，体现了我们对高效课堂的全新理解。

（三）培养了合作学习的策略及设计意图

如何提高数学课堂小组合作学习的实效性，针对我们研究的课题，继续以《可能性》这堂课为例，对小组合作策略及设计意图加以说明。

策略一：把握合作时机，合理安排时间。合作学习是课堂教学的一种重要方式，但不是唯一的方式，并非所有的教学任务都得通过小组合作才能完成，个人学习、教师引领仍有着合作学习所不可取代的地位与作用。在第三个环节安排进行小组合作，是因为学生已经掌握了本课的重点内容，通过活动，体验到了事件发生的确定性与不确定性，能用"一定""不可能""可能"这些词语来描述事件发生的可能性，这样的合作学习才会有成效。否则，在学生对问题还没有形成独立见解之前就急于讨论，由于学生的思维没有完全打开，就容易被别人的观点同化，造成学生人云亦云的现象。所以，在合作学习前，特别重要的是要给予学生充分的时间进行独立思考，在合作学习过程中，也应当让学生有充分的时间进行讨论，本课的讨论时间安排了3分钟，让学生各抒己见，畅所欲言。

策略二：分工、明确各自任务。让每位学生都动脑、动口，有自己的事情做，让小组合作起到真正的实效作用，不流于表面与形式，打破传统课堂小组合作中会说的说，不会说的只是听一听的弊端。而本堂课中我们是这样安排的：如小对子合作要求请用"可能""不可能""一定"这些词来描述；同桌两人相互说一说（两人汇报，一人问一人答）。

例如，在摸棋子游戏活动设置时，教师先说明图意：同学们在玩摸棋子游戏，仔细观察两个盒子——1号盒子和2号盒子。从中你都知道了什么？给出一些问题，如哪个盒子里肯定能摸出红棋子？哪个盒子里可能摸出绿棋子？哪个盒子里不可能摸出绿棋子？你能仿照老师给出的问题再提出几个类似的问题并解答吗？让小对子合作学习的内容有了探索和讨论的价值，也有一定的挑战性与开放性，几个问题看似禁锢了学生的思维，实质上起到了引导的作用。

策略三：监督、指导和点评汇报成果。在开展小组合作学习时，教师切不可袖手旁观，而应积极主动地参与到不同的合作学习小组的学习活动中去，除了指导还要监控学生的合作学习，要多关注学困生在活动中的表现，让他们多一些发言的机会，多一些创新的思维，让小组合作学习成为他们表现自己的舞台；当然合作学习在讨论问题时，有时也可能会出现冷场的尴尬局面或偏离主题的讨论，这时教师要注意观察，及时引导，把学生的讨论引到讨论的主题上来。

例如，第一组小对子学生A：哪个盒子里会摸出红棋子？学生B：1号盒子里一定能摸出红棋子，2号盒子里可能会摸出蓝棋子。教师点评：这两位同学是自己提的问题，自己解答，观察得非常仔细，思考得非常全面，汇报得很精彩。请掌声鼓励！第二组小对子学生A：哪个盒子里肯定能摸出红棋子？学生B：1号盒子里肯定能摸出红棋子。教师点评：用肯定来描述，表达的意思是确定的还是不确定的？生：确定的。师：在这里用肯定描述对吗？也是对的，但是没有按题目要求，用我们刚刚学过的关键词来描述。

策略四：强化独立思考。"学生是学习和发展的主体""倡导自主、合作、探究的学习方式"是新课程的基本理念，如果没有独立思考就开始讨论，对培养学生的独立思考能力显然是不利的。所以本堂课之后的环节就设置成了独立思考。

例如，公鸡和母鸡下蛋的问题。（设计意图：以生动的动画，讲述故事的形式来呈现，要学生进一步明确"不可能"描述的事件发生的结果是确定的，同时要学生亲身体验数学来源于生活，密切联系生活，而又服务于生活）要求学生用刚才学过的"可能""不可能""一定"来描述生活中的场景。课堂中，学生踊跃举手，发表个人观点。一学生脱口而出：母鸡一定会下蛋，公鸡不可能会下蛋！教师问：有质疑的同学吗？同学们有什么问题吗？一生站起来说：他说得对，公鸡是不可能下蛋的！教师问：那么公鸡不可能下蛋确定吗？生铿锵有力地说，确定。及时强化重点内容，升华学生思维，课中适时指点迷津。这样的方法更进一步地强化突出《可能性》的重难点，深化学生的思维。

总之，小对子或小组合作学习形式带给学生的变化是显而易见的，课堂上敢站起来发言的人多了，学生的表达和自主探究的能力提高了。因此，教师必须精心准备，设计选材，设置目标，积极介入，并为小组提供及时有效的指导。我们相信，只要充分相信学生，依靠学生，课堂一定会越来越精彩！

南部山区提升"名师课堂"效应的探索与实践

开题报告

课题名称：南部山区提升"名师课堂"效应的探索与实践

课题编号：NXKT-HL-06-034

课题类别："互联网+教育"

学　　科：数学

课题主持人：冯艳萍

课题组核心成员：田智梅　张　璇　陶丽娜　胡建民　吕鸿嫚

　　　　　　　　彭天喜　白雪霞　曹　畅　刘月玲　张小红

一、研究的背景和意义

传统的点对点、面对面、走进现场、小规模的、物理形态的教研与培训活动已经无法满足广大中小学教师的要求，教研与培训方式必须再次寻求新的突破。为深入贯彻习近平总书记关于教育的重要论述和全国教育大会精神，落实《教育部关于加强"三个课堂"应用的指导意见》《宁夏回族自治区"互联网+教育"示范区建设规划（2018—2022年）》等文件，应推动各地各学校加强专题课堂、名师课堂和名校网络课堂的建设与应用，加快推进"互联网+教育"示范区建设，进一步为落实立德树人根本任务，遵循教育规律，坚持信息技术与教育教学深度融合，深化"三个课堂"应用创新，推进课堂革命，推动教育理念与模式、教学内容与方法创新变革，探索形成信息化背景下的育人方式和教研模式，提升"名师课堂"效应，推动学校教育质量和办学水平明显提升。

用现代网络技术搭建教研新平台，改造现有教研模式，开创多主体、跨时空、低成本、高效率的教研新途径——网络研修。这在我国新时期基础教育发展中是一项新型探索性的工作，富有深刻的内在价值和长远意义。"名师课堂"网络化、信息化，已成为教师教学研究方式、培训方式发展的必然趋势。为此，我们提出了此课题，在"塞上名师"冯艳萍老师的引领下，发挥我课题组成员中的区级骨干教师、市级骨干教师、教学能手等名师引领作用，在核心素养导向下使"名师课堂"常态化，让优质资源达到共享。

二、拟研究解决的问题

利用"名师课堂"发挥好名师的辐射带动作用。针对部分教师教学能力不强、专业发展水平不高的问题，通过组建网络研修共同体的方式，发挥名师名课示范效应，探索网络环境下教研活动的新形态。学科组探索开设学科组名师课堂，通过组建网络研修共同体的方式，充分利用"三个课堂"推进网络教研，发挥名师带动作用，在名师引领下，利用线上线下组建"骨干引领、学科联动、团队互助、整体提升"的研修共同体，解决薄弱年级组、农村薄弱学校教师及新入职教师教学能力不强、专业发展水平不高的问题。

三、研究目标

在"互联网+教育"示范校建设的引领下，以名师工作室为载体，全面实现"三个课堂"在全校的常态化应用，遵循"名师引领、传承创新、资源共享、辐射带动"原则，发挥名师骨干教师培养、教学教研改革和学科建设等方面示范引领作用。以骨干教师为核心团队，以师带徒为主要培养形式，共同构建基于线上和线下的学科研究、教改探索和教学磨练的实体与网络相结合的新型教研工作机制；以促进网络教研与小学数学教师专业发展为重点，特别加强网络环境下农村教师专业发展的应用创新与可持续发展，打造区域网络教研共同体，通过"名师课堂"的实施，有效促进教师专业成长，使课堂教学质量显著提高，教师教学能力和信息素养持续优化，城乡、校际、各年级组差距明显缩小，实现教育优质、均衡发展。

四、核心概念的界定

"名师课堂"强调共享性，重点在促进教师的个人研究能力、反思能力、协同研讨能力上。通过组建网络研修共同体的方式，发挥名师名课示范效应，探索网络环境下教研活动的新形态，以优秀教师带动普通教师水平提升，使名师资源得到更大范围共享，促进教师专业发展。依托现代信息技术手段，开发和利用网上教育资源，建立开放、动态、交互的网络教研平台，在教学过程、教学资源、教学评价等方面实现资源的交流与共享。网络研修能打破空间、环境的限制，互动的网络教研资源是教师学习的有力工具；它能实现真正意义上的师师互动，促进普通教师与优秀教师的广泛交流；它还可以使教学资源的使用更为灵活，也能为资源再生提供空间和保障，实现异步、同步相结合的更加以人为本的教研。网络教研能够促使教研手段、教研过程、教研形式等教研行为、教研思维的广泛化，形成一张教研网；能增强教师参与教研的自主性、回应解决问题的及时性和实现互动交流的广泛性，能体现教研内涵的人文性，同时也能改变教师的学习、工作状态，引领教研的深入。当理解与沟通、交流与互动成为网络教研的主旋律，则体现了新型教研工作的人文性。

五、研究方法

（1）行动研究法：以小学数学团队教研为重点，以促进教师专业发展为目标，开展网络教研活动，通过"名师课堂"的认知学习，针对课堂和教学实践中的问题，在行动研究中不断探索、改进教学策略和方法，解决教学中的实际问题，真正地实现高效课堂。

（2）教育实验法：根据"名师课堂"的共享性，通过新教师上好"亮相课"、青年教师上好"过关课"、课改教师上好"研讨课"、骨干教师上好"示范课"等形式，开展网络集体教研，进行层层诊断把脉，使各层次教师在专业上都有提升。

（3）问卷调查法：根据"名师课堂"的特点，设计制定面向各层次教师和各年级学生的问题，内容主要涉及当前教师网络教研、学生合作探究教学在数学教学中的应用与研究中存在的问题，探讨课堂高效与学生的综合评价有哪些方面需要改善。通过调查得出结论，寻找解决办法。

（4）文献查阅法：通过网络视频学习、继续教育、阅读《教育部关于加强"三个课堂"应用的指导意见》《宁夏回族自治区"互联网+教育"示范区建设规划（2018—2022年）》等文件、《宁夏教育》中有关"三个课堂"的文献，来加强名师课堂和名校网络课堂的建设与应用，获得研究中所需的理论依据。在课题的实践研究中，摸索以网络研修合作学校为基地，以校本教研为抓手的行之有效且能广泛推广地促进教师专业化提升的教师发展之路。

六、研究步骤

本课题研究从2021年7月开始到2023年8月结题，共分三个阶段。

（一）前期准备（2021年7月—2021年9月）

认真学习《教育部关于加强"三个课堂"应用的指导意见》《宁夏回族自治区"互联网+教育"示范区建设规划（2018—2022年）》等文件精

神，理解"三个课堂"，尤其深究"名师课堂"的内涵。根据本课题的意图和学校实际情况，在充分论证的基础上，确定自己的研究方向。方向确定后，实验领导组和研究组要发挥集体的智慧和力量，在阅读有关资料的基础上，帮助研究组教师提出研究的目标和任务，设计研究方法、研究过程，写成课题设计方案，填写申请审批书。

（二）实践研究阶段（2021年10月—2023年6月）

（1）更新观念，加强学习，建立健全学习研究制度。正确认识网络研修对促进教师专业发展、促进校本教研深入开展的重要作用。制订好每学期的课题研究工作计划，通过观看视频、文件学习和查阅书籍资料等方式，加强自身学习。

（2）召开课题研究培训会议，邀请县教研室专家进行课题指导、论证课题方案的可行性，明确研究思路，落实研究任务。

（3）参与并开展多种形式的网络研修活动，促进课题研究的深入开展。多种网络研修活动包括：组织实验教师开展网络学习、网络备课，开展网络研讨活动；利用网络开展实验学校间的学习与交流活动；积极参与全省的网络教研活动。

（4）课题小组成员分工（重点研究、互相合作）。

（三）结题、总结阶段（2023年7月—2023年8月）

（1）做好总结、定期自查自检。

（2）总结研究经验和成果，并作出定性和定量分析，对照课题方案进行全面总结，整理资料，分析反思，完成各项成果资料汇编工作，撰写结题报告（论文）。

七、研究成果预期形式及内容

（1）以"联校（班）网教"的方式集中开展"名师课堂"应用实践和研究。根据本学校发展实际和师资水平，选择切实有效的"联校网教"组织形式，如海原县第一小学托两个教学点、强校带弱校等，组成"1+1"

或"1+N"联校，在本校中又形成"1+1+1"的培训实践跟岗学习，提升年轻教师的专业能力，锻炼一批信息化教学应用骨干队伍，培育、遴选和推广一批优秀教学模式、教学案例。

（2）课题研究报告；课题研究经验汇编（如网络研修经验、网络集体备课、网络研讨案例、教师成长案例、论文等）；优秀视频课例、课件光盘等。

（3）教师专业发展大幅度提升，教师能熟练运用教学助手、智慧教室、电子白板、数字教材、BBS论坛、QQ群、博客及博客群组等网络平台软件，进行主题研讨、案例分析、教学反思、教学诊断、专家讲座、网上说评课等活动。

（4）教研行为要实现以下几个改变：集体备课研讨轻松自如，在网络畅所欲言，课后反思真实表露；示范课和培训课可以回放，不受时间限制，教师省心省力，精神愉悦；课堂上资源运用娴熟，节省时间，提高效率；上公开课时，在网络平台相互合作，互帮互助；教学技能明显提升。

（5）学生的行为实现以下几个改变：学生学习的积极性、主动性提高了；学生学会了自主学习、合作学习和探究性学习；通过互联网城乡学生相互学习，共同提高；学生通过网络和教师交流，相互评价，充满自信。

中期报告

课题名称：南部山区提升"名师课堂"效应的探索与实践

我校的"南部山区提升'名师课堂'效应的探索与实践"课题于2021年9月经宁夏回族自治区第六届基础教育教学科研课题组批准立项，在区、市、县教研室的关心、支持、指导下，已进行了近一年时间的实验，我们把2011年版课程标准的思想、理念和"三个课堂"的新思路、新设想结合起来，顺利地完成了预期的研究计划，达到了预期研究目标，取得了阶段性成果。今天我代表课题研究组，将本课题的研究中期情况向各位领导、专家和老师们汇报如下。

一、课题的简介

为深入贯彻习近平总书记关于教育的重要论述和全国教育大会精神，落实《教育部关于加强"三个课堂"应用的指导意见》《宁夏回族自治区创建"互联网+教育"示范区建设实施方案》等文件，推动学校加强专题课堂、名师课堂和名校网络课堂的建设与应用。提升"三个课堂"效应，已成为教育工作者研究的首选课题，尤其我们南部山区学校更要借助"互联网+教育"的有利契机，实现城乡优质教育资源共建共享、互通互联，缩小城乡、校际间的教育质量差距，推动全县教育高质量均衡提升。在"三个课堂"中，"名师课堂"显得尤为重要，旨在积极转变教研方式，有效提升教研的质量和效益。基于此，我们提出了本课题的研究。目前在宁夏回族自治区南部山区"三个课堂"运用都是摸着石头过河，还没有一套科学、系统的教育理论作指导，本课题要在实践中创造性地应用现有的理论，不断进行探索、总结、归纳、概括，形成适用于"名师课堂"的理念、原则、策略。课题重点在于解决教师的观念问题、理论问题、技术问题和实践问题。本课题研究从2021年7月起至2023年8月止，计划研究时间为两年，主要分三个阶段完成，现已完成了第一阶段，正在研究第二阶段。

二、课题研究的进展、研究计划的完成情况

（一）加强理论学习，更新教育观念

课题研究的成功与否，与课题研究人员的素质有很大的关系。为提高课题研究人员的素质，使其尽快掌握教育研究方法，我们采用了线上和

线下学习、集中和分散学习相结合的方法，通过阅读教育教学类刊物和专著，学习有关"三个课堂"的教育教学理论，写好教育随笔，积累教育智慧，用以指导自己的教学行为。我们课题组看过的理论著作有《走向专业的听评课》《怎样做一个好教师》《基础教育十八问》《先学后教，当堂训练》《核心素养的小学数学教学探索与实践》《合作教育、突破合作学习的五大瓶颈》《有效教学的实践与反思》等，并学习了与课题内容相关的理论和一些专著及学术期刊。同时撰写了教育随笔，通过学习，课题组成员的认识有了很大的提升，观念也发生了积极转变，各自努力从理论层面上对实验课题产生背景、科学依据、教育思想、实践价值进行全面把握，实现个人的教育思想、教育观念的转变。

（二）编制调查问卷，进行调查研究

按照研究进度计划，根据教师在常态课堂、"四课活动"和"三个课堂"中出现的急、难、愁、盼的热点、难点问题，我们课题组编制了调查问卷，并选择了500个样本进行调查，以了解教师当前在数学课堂中的真实水平及存在的问题，并根据调查结果分析教师在课堂中效果不佳的主要因素。通过问卷梳理出以下8个具体问题。

（1）如何运用思维导图上好整理复习课？

（2）怎样运用互联网技术手段提高课堂效率？

（3）课堂中算法的多样化一定需要优化吗？

（4）怎样实现互联网信息2.0的微能力点的运用？

（5）探究活动在数学课堂中怎样做到收和放？

（6）课堂中如何把小组合作落到实处？

（7）"双减"政策下如何观课和议课？

（8）如何提高优等生在班里发挥引领作用？

课题组的理念是研究"名师课堂"，成员一定要达到名师的水平。打铁还需自身硬，为了锻炼成员成为名师，课题组将梳理的问题制成了若干微课题，根据成员需求与个人优势进行分工，开展微课题探索实践，时限两个月，各成员针对问题找相关书籍和上网学习，探究有什么方法破解教师的困惑，并将疑难问题在每周星期四的研讨交流会上提出来大家共同解决，保证人人参与，人人研究。成为名师的道路是艰辛的，让成员深知由普通走向名副其实的名师，要把心理学和教育学理论融入实践，提出和形成反映自己个性的教育理念；要把自己对教学的理解和成功经验进行理论升华形成自己的教学主张；要有一套能够反映自己教学理念的操作流程，形成自己的教学模式；要把自己的教学主张、独特的教学模式和个性特点有机融合为自己的教学风格。只有提升成员的教育教学能力和教育科研能力，才能集智聚力，克难攻坚，生产出科研成果，让课题组和工作室真正成为学校的教育教学研究所和名师孵化地。

（三）结合教学，改进和提高课题研究的针对性

当我们在课题研究的过程中，根据课题研究方案的目标要求，把课题研究和日常教学、教研活动紧密结合起来，让课题研究真正走进课堂，走进教师教学的实际，走进学生的学习实际，不断改进教学模式和教学方式。经过两个月的微课题研究，按研究计划于2022年5月启动"'名师课堂'集体备课磨课月"活动，根据问卷的8个问题，第一轮备8节课，有前两个月的学习与课堂调研基础，集体备课发挥了所有成员的智慧，备课的过程包括讨论修改，磨课再修改，打磨再定稿。过程虽艰辛，但收获满满。重点给出问卷问题的解决方法和实施策略，并确定了由8位骨干教师在全校进行第一次"名师课堂"示范课。在示范课前我们对8位教师各磨课3节共24节，聘请县教研员、校教研员、一线教师参与磨课，在磨课中指出不足，以及时调试教案。每一次磨课，都是一次教学技能展示，都伴随着教学反思，成员点评。在观课议课中碰撞出思想火花，在对话中创生智慧，从而获得更多有价值的教育教学活动，让成员深切地感受到课堂教学的丰富多彩，感受到自己每天都在进步。2022年6月10日至20日，课题组结合学校的"四课活动"，在全校和帮扶校进行了8节"名师课堂"公开示范课，为全体教师和全县骨干教师献上了一道丰盛的"名师课堂"大餐，各位名师在反思和积累中形成了自己独有的教学风格和教学模式，"名师课堂"更为一线教师指点了迷津。

三、阶段性成果

（1）提升了理论水平，"微课题"资源库已整理成型。通过线上线下学习及在浙江省金华市接受的为期20多天的专家指导，统一了全体成员对名师的认识，坚定了全体成员成为名师的信念，提升了成员的理论水平，充分展示成员的个人独到见解，调动了成员参与教研的主动性和自觉性。激励性的研修活动将成员的思想转化为行为，涵养了成员的学术素养。示范引领课的资源已有部分在冯艳萍名师工作室的精品课中得到呈现，在全县范围内形成了共享。已有成员在《宁夏教育》《教育前沿》等刊物上发表文章。

（2）形成了"233教学模式"的集体备课机制。课题组成员集体备课，逐步形成了有效的集体备课制度和流程。"233教学模式"集体备课机制，即确定备课主题，备课主持人分析教材确定课时目标→下发学讲稿形成预案→集体讨论预案，提出修改意见→教学实践，观课议课→成员互助，形成精品案例→整理筛选新的生成问题并确定第二轮集体备课主题。然后通过对"教"的方式与"学"的方法进行对比和反思，实现认知提升，获得对课堂教学的新看法。"233教学模式"的应用，使教师具有了反思再生成的教学策略，在教学实践过程中，教师及时总结、及时反思，不断生成各种教学策略，寻找出一些新的资源，以此来调节课堂教学，促进教学动态地生成。

（3）在研究中，示范课已初见成效。能上好公开示范课、会撰写论义、坚持课题研究是"名师课堂"的三人法宝，这三大法宝也恰好是名师实现聚焦专业、辐射引领的主要路径。课题组成员的共识是公开示范课是课题的有力抓手，是教师专业发展有效的平台。已有成员在示范课比赛中获奖。

（4）2021年11月30日刘月玲老师的作品《"互联网+"环境下的小学数学有效教学》在全市举行的"互联网+教育"应用大赛教学论文微项目评比中荣获二等奖。

（5）2021年12月27日，张璇老师在全市"互联网+创新素养教育"优秀作业设计评选与展示交流活动中荣获小学组二等奖。

（6）2021年12月27日，在全市"互联网+创新素养教育"中张璇老师教学论文《"互联网+教育"助力师生协同发展》在此项目评比中荣获一等奖。

（7）2022年5月，在"四课"活动中，冯艳萍老师的精品课《分数的产生和意义》荣获校级一等奖；骨干教师陶丽娜老师、田智梅老师、张璇老师的示范课分别荣获校级一、二等奖；其中冯艳萍老师的精品课《分数的产生和意义》，张璇老师的实践劳动精品课《生活中的小妙招》被报送中卫市教研室参评；田智梅老师的示范课《圆柱的体积》报送到了自治区教研室参评，正在评选中。

（8）田智梅老师在全县小学创新教育成果展示研讨交流活动中，所展示的《整理和复习用转化的策略解决问题》效果良好。

（9）冯艳萍名师网络工作室主持人冯艳萍老师的论文《在"双减政策下评课议课的策略研究》在《宁夏教育》1、2期合刊发表。

（10）2022年8月，刘月玲老师的在全县举行的空中课堂中的论文《让开放式教学浸入小学数学课程》、冯艳萍老师的论文《运用人工智能技术提升"名师课堂"效应》都荣获了一等奖。

（11）2022年8月，冯艳萍老师的在全县举行的空中课堂中的案例"空中课堂"助推提升学生自主学习——《平行四边形的认识》主题教学活动荣获一等奖。张小红老师的案例《汝享知识芬芳 我愿负重前行》荣获二等奖。

（12）田智梅老师在互联网背景下信息技术2.0与学科融合教学观摩研讨活动中，承担了全县的示范课，效果良好。

（13）白雪霞老师执教的小学数学《时、分、秒》在中卫市精品课课例评选活动中荣获三等奖。

四、主要创新点

第一，课题组成员又是"冯艳萍名师工作室"成员，这些人员的组合，给顺利完成课题注入了强有力的人力资源。将"名师课堂"、名师工作室、"四课活动"与课程标准有机结合起来，形成研究的合力。

第二，对课堂中存在的问题，在教学实践中尝试解决，运用策略解决问题，并形成理念、原则、策略。

第三，通过"名师课堂"促使"233教学模式"初具雏形，课堂中对子合作、小组合作学习地位日益凸显。

第四，引领了教师共同开展基于线上和线下的学科研究，探索线上线下相结合的教育教学模式。

五、存在的问题

目前，我们虽然对这个课题作了一些扎实、有效的研究工作，也取得了一些成绩，但是我们都清晰地认识到在已经做的工作中，还有很多问题值得反思和总结，还存在不少问题，主要包括以下几个方面：

第一，研究的时间不够。因为我们每个成员都带着两个班的课，工作比较繁忙，对理论学习浮于表面，内化度还不够。

第二，集体备课缺乏深度研究。对"二次备课"缺乏引导和规范，对集体形成的学案和作业，要根据自己班级学生的学习实际进行加工、二次备课，不能盲目地照搬照套。

第三，授课的实效性有待提高。"名师课堂"需要聚焦课堂热点问题，研究课堂普遍问题，突破课堂难点问题。在部分成员授课中出现了"走秀"、课堂实效性不强的现象。还有的成员在教学中虽然改变了传统的教学模式，但放得不开，担心影响教学质量和升学率，课堂上学生主体地位体现得不够充分。

六、课题研究的后期设想

（1）继续抓好理论学习，改变教师的教学观念。

（2）切实抓好课题研究的管理，对课题研究状况不断进行认真及时的调查诊断。

（3）加强集体备课的力度。每两周线上用互联网希沃白板进行一次集体备课，互相探究课题实施过程中的教学点滴，解决疑惑，交流经验。

（4）继续深入系统地开展课题研究，把大单元备课落到实处，为全校以及全县提供引领，请专家讲解，参与观课、议课、磨课，指点迷津。

（5）在积累整理课题研究中对资源再下功夫，相关资源及时上传冯艳萍名师工作室，让全校及全县乃至更多的教师共享。

七、预期成果

一是主持人在《宁夏教育》期刊上发表3篇论文，已发表2篇；

二是科学撰写《南部山区提升"名师课堂"效应的探索与实践》的研究报告。

八、课题更换人员

因课题组需要，将吴爱琴老师换成张小红老师、金学花老师换成刘月玲老师。

附：课题基本信息

课题名称：南部山区提升"名师课堂"效应的探索与实践

学科分类："互联网+教育类"小学数学

课题编号：JXKT-HL-06-034

主持人：冯艳萍

工作单位：海原县第一小学

主要成员：田智梅　张　璇　陶丽娜　胡建民　吕鸿嫚

彭天喜　白雪霞　曹　畅　刘月玲　张小红

第二章　课题建设

第三章

谈学论教

课堂实效性应从常态课抓起

俗话说"家常便饭最养人"。学校的家常便饭就是常态课，常态课是最真实、最"原生态"的教学过程。在新课程背景下，以课堂监督去促使老师的常态课走向优质，对提高课堂实效性有着不可估量的促进作用。

一、聚焦课堂，深入调研，发现教学"真问题"

我们从2006年开始就对有效提高学校教学质量进行了反思与调研，通过听评年级研究课、推门课、研讨课等方式，对各类课进行调研分析，尝试发现教学中的"真问题"并总结如下。

其一，乏味低效的课。

即教师在课堂上教学策略运用不佳，教师讲得激情四射，学生听得昏昏欲睡，一节课下来，大部分学生无精打采，甚至一部分学生一无所获。认真解剖这些低效的课，我们认为其主要原因在于教师没有做到以下几点：一是没有从学生学习的需要出发，变革教学方式，充分尊重学生的学习兴趣，凸显学生的主体地位。二是教师不注重运用点拨、引导、交流等方式为学生释难解惑，不能让学生在课上展现思维过程，没有让学生在主动求知中锻炼思维、提升能力。

其二，浮躁空洞的课。

有的教师的确有教改的热情，总想在教学中求新求变，因而在课堂上运用了许多"时尚"的教学技巧，如刻意追求多媒体的运用、设置许多提问、不时安排小组交流、运用了大量的图片和影像资料，40分钟的一堂课就在热闹中结束了，但让人看到的只是空洞与浮躁，应当重点讲解和落实的知识点没有讲到，学生深度思考后能力在这样的课中也没有得到提升。

其三，"真问题"后的问题。

常态课有问题的设计以及教学的低效带给学生的是不合拍的教学进度、难消化的教学内容。一方面，学生作业如山，大量的课余时间被占用；另一方面，教师忙于批改作业和对学生进行机械训练，没有时间研究课堂教学，也没有时间对学生进行个别辅导。这两类"问题课"的出现，反映出教师还不能完全落实新课程教学目标，教学理念和教学环节的有效结合还有待进一步深入。部分教师创新的意识较强，但在实际操作中却比较表面化或形式化；教师教育学生的方法不够科学；教师在关注不同层面学生的学习效果上还有待进一步加强。学校只有改变上述现状，认清常态课教学的重要性，才能不断改进课堂教学。

二、立足校本，回归本源，促进师生教与学的改变

一所学校如果拥有二十多个班级，校长即使用四分之一的工作时间听课，能听到的课也不足老师所上总课时的1%。所以，优质的课堂不是管出来的，而是要靠学校的引领、教师自觉主动地追求与努力来实现的。在打造高效课堂、严抓常态课管理的过程中，我们牢牢抓住课前、课中、课后三大环节，明确提出"实备、精讲、勤练、细批、严考、真评"的总体要求，认真检查各要点的实施情况，努力消除教学常规管理死角。

（一）尝试前测，推进学案，做实课前备课

没有充分预设的课堂是盲目的，是随波逐流的，必然也是低效甚至无效的。要想提高每堂课的授课实效，充分的课前准备是必不可少的。我们利用全国知名的101网校远程资源，让教师从烦琐的教案中脱离出来，将手写教案改为活页打印教案，并在教案右侧批注栏精备学案，要求教师备课的必须遵循以下几点：

1. 备课要备规律和重点

学校要求教师备课时，对教学重点与难点要批注，做到精而少，研究学生在学习过程中的困难，抓住一点，提炼规律，一练到底。

2. 备课要备前测题目

教师根据教学内容的难易程度以及对学生学习经验的判断，在课前对前测题目做好设计，严格控制题目数量，在课前或课初实施检测，快速批改后决定当堂课内容的取舍：对80%以上学生已会的知识，教师可以不讲，直接进入预设的其他环节，20%以下学生的问题可通过课堂或课后个别辅导完成。实践证明，教师心中有数、目的性较强的授课与传统的先讲后练式的教学各自的实效明显不同。

3. 备课要备课堂学案

通过观课和分析成绩，我们发现课堂上存在两种现象不容忽视：其一，提问缺少实效性。教师发问，学生集体作答，就会导致几个人的思维代替全班思维，使课堂表面的繁荣掩盖了大部分学生中存在的真实问题。其二，练习不求甚解。教师将练习题目一闪而过，答案很快说过，但难点、重点问题并没有解决。为此，学校将学案设计作为教师必须准备和重点准备的内容，这也为"先学后教，当堂训练"的课堂模式提供了物质保障。教师使用一张A4学案纸，一举几得：明确本课主攻方向、提供当堂批改的载体、提供纠错的依据、为学生留下学习的痕迹，同时巧妙地将部分课后作业悄悄地前移。

（二）加强课堂教学研究，实现常态课教学效果最大化

学校要在常态课管理上出新招、下功夫，组织形式多样的校本教研进课堂。

1. 构建"先学后教，当堂训练"课堂教学模式

"先学"即教师简明扼要地提出学习目标和要求，学生带着问题思考，围绕课堂学习目标，凭借学习工具，按教师的自学指导，在规定的时间内自学教科书相关内容，完成检测性的练习。"后教"即针对自学中暴露出的问题及练习中出现的错误而进行的教学活动，教的过程被生动地概括为"兵教兵"和"官教兵"，即学懂了的学生教没学懂的学生，做对了的学生帮助做错了的学生进行更正，并且讲清为什么这样做。让教师挑精要的讲，抓学生"愤""悱"之处讲。

2. 教师带红笔进课堂

为了让学生充分利用20分钟的精练时间，排座位时实行"1+1"互助模式，即优秀生和学困生为一桌，上课布置的精练题，学困生不懂的优秀生给予帮助。在20分钟的课堂练习中，教师现场批阅，这样能够及时发现问题，及时改正。其显性作用在于即时反馈，迫使教师离开讲桌，走到学生中间，及时检测20分钟的授课情况。其隐性作用有二：其一，通过批阅创设载体，督促学生在课堂上及时思考，提高当堂学习和记忆的实效，提高课堂教学效率；其二，通过批阅发现问题，使教师明确精讲、少讲和不讲的内容。

（三）形成合力，阶段推进

为了使常态课制度化、经常化，学校要出台硬性制度和研制常态课有效教学质量标准，按标准进行听评课、考核教师。一是要求区、市、县骨干教师、学科带头人每学期上好一节朴实的常态课，让其他教师感受精彩，受到鼓舞。二是研制学科常态课教学评价标准，立足校本，组织研讨，制定学科教学的评价指标，以研促教。三是开展常态优质课评选活动，要求突出"原生态"的特点，以学生课堂实效为重，以评促课。

常态课应该是朴实的，没有花拳绣腿，没有矫揉造作，有的只是自然状态下师生教与学的真实呈现；常态课更应该是高效的，新课程背景下的常态课要以学生的发展为本，尊重学生，关注学生，采取恰当的教学方式，上好每一节常态课，才能真正达到"高效率、轻负担"，才能真正意义上地提高教学质量。

在"双减"政策导向下观课议课的
策略研究

2021年"双减"政策重磅出台，该政策旨在进一步落实立德树人根本任务，发展素质教育，让教育更好地回归学校课堂主阵地，全面提高学校教育教学质量和课堂效率，促进青少年全面健康成长。落实"双减"，在于"减负提质"，其主力军就是一线教师，其主阵地是课堂，要达成这一目的，需要变革传统课堂，打造优质高效课堂。对于优质高效课堂的生成，观课议课是一条有效途径，观课议课能够促使优秀做课教师充分发挥引领示范作用，带动其他教师尽快成长，从而达到让学生在有效时间内提质增效、减轻负担的目的。

一、观课议课中存在的问题和不足

（一）观课议课制度和监测指标宽泛，操作性不强

制定的观课议课制度偏大偏空，没有明确规定学校相关领导和每位教师的观课议课次数和频次、应达到什么标准、应遵守怎样的纪律、谁来组织、如何考核等硬性制度；监测指标不细化，在教学目标、效率、方法、培优补差、使用工具、教学评价等方面还需要进一步明确。

（二）在观课议课中指导性不强，重点不突出

教师在观课时忽视了课堂目标设定、教材内容处理、课堂思路创设、

课堂教学结构设置，使得教学过程没有凸显核心素养的培养；落实"双减"政策钝化，当堂内容不能当堂消化，课堂不够精简高效，当堂训练未能完成造成学生负担过重；议课时没有从以学论教、课堂实效上去议，并且议题不准。

（三）观课议课流于形式，目的性不强

观课议课随心所欲，观课室与讲课室分离，观课时心不在焉，窃窃私语，不留心聆听做课教师的课堂设计与思考，只重视记录做课教师的话语内容与表达，而忽视了学生的主体表现，偏离了观课议课的初衷和目的，误导了新教师学习成长的方向，将观课议课变成了听而不观，评而不议，极尽好听之言，报喜不报忧的无效活动。

二、观课议课策略

（一）要制定观课议课制度

有基本标准和尺度就有可操作性，学校管理层要研究制定出科学可操作的观课议课制度、监测指标。从制度、考核和纪律上约束观课和议课教师，校长和主管教学的副校长要定期深入教学一线进行观课议课的监督与指导，使监督与指导成为促进"双减"政策落地的一种常态化管理手段。议课时提出的观点和建议要有科学性、建设性和前瞻性，才能让做课者有进步，观课者有收获。

（二）要制定观课时的监测记录指标，要把高效课堂中的硬指标设计其中

崔允漷教授曾提出了课堂观课的四大维度：学生的学、老师的讲、课堂实施、课堂文化。具体内容如下：

（1）目标问题（这节课学生收获了什么）。注重核心素质，不但要注重本学科核心素养，更要重视教育价值。观每节课时，都要思考，这堂课有无育人价值？观做课教师思路是否清晰，这节课学生获得了什么？不是说一节课形式热闹了就行，这节课学生的收获是知识的、能力的，还是价值观方面的？目标必须明确。

（2）学习效率问题（用了多少时间让学生突破了重难点）。教学效果问题必须用教学工作时间说明问题。同课异构中有的教师在上课前不布置预习，课后也不布置作业，在课堂上处理好所有问题，这才是真正高质量的课堂。而评价学生一堂课的效率水平，不仅要看学生是否在当堂学会了，还要看学生是如何掌握的，是经过他自学掌握的还是由教师灌输给他的，这才有本质差别。

（3）方法问题（学生是通过什么方法获得知识或能力的）。要完成教学目标有较多方法，但方法不同效果也不大一样。基本的原则是：学生自己能通过书本看会的教师不讲，因为书本上大部分知识学生是能自己看会的。学生对不了解的问题，是否通过分组研究来解决；小组不清楚的大组讨论，大组不能解决的教师再讲。

（4）质量达标问题（一节课结束有多少个学生合格了）。一节课看每个学生是不是都合格了，这是对义务教育公平与"双减"政策落地的直接反映。如一节课结束时把基本点或核心点让每个学生都掌握了，这才是真正的好课。

（5）培优补差问题（如何关注学困生和学优生）。课堂中是否处理好满足个体和面向全体的关系，教师是如何用教育智慧，充分尊重多元和个性的差异，及时反馈教学、评价教学和调节教学的。课堂上是否面对多数学生，同时关爱学困生，关注学优生，这是课堂和谐氛围的重要保证，也是课堂教学有效性的体现。

（6）使用工具问题（本节课做课教师是否充分灵活运用到"互联网+教育"，融合媒体资源共享）。课堂教学中看教师对教学助手、电子白板等教学辅助工具的使用情况怎么样，教学资源共享了没有，在检查学生时如何使用智能化的学习评估工具和平台，教学时如何运用大数据分析技术融合学生的上课表现、作业任务、预习情况、学习活动、学习结果等对学生进行有针对性的评估。

（7）教学评价问题。教师在课堂教学过程中，是怎样评价学生的行为的？用了什么手段、用得如何好？观课者要完成由重视评价的促学功能到重视评价的育人功能的过渡，同时还要关注学生在情感方面、价值观方面、思想方面的表达。

通过对以上高效课堂硬指标的测量，观课后在议课时一定能说出建设性意见，有的放矢，共同提高。

（三）要把握好观课议课的焦点

首先是以学论教。即以学生的活动与情况作为观课议课活动的焦点，以学的方法论教的方法，以学的情况议教的情况，以学的质量议教的质量，通过学生的学来折射、考查教师的教。以学论教需要教师把观课重点从教师迁移到学习者状况，将关注点从关心课堂教学内容迁移到关注学生状况，从关心教学过程迁移到关心课堂教学情境。从活动到学习状况，意味着反对课堂教学中的形式主义，需要重视和倡导实效教学；从过程到情景，意味着不但要重视教师的教学预设，更要重视课堂中的各种生成，重视教师的实践性智慧。

其次是直面问题。议课中要弘扬和建立民主、公正、探讨、坦诚的教学文化，要拿证据说话，以理服人。教师直面的问题既是议课取得实效的重要前提条件，也是教师推进工作的主要问题所在，观课议课最核心的目标是激励教师学术发展的强大动力、培育教师的自我批评意识与反省精神，让教师能够一直因对自身教学的不满足而立志提高。此外，学校不得将教师在观课议课中的做课表现和议课中的建议当作奖惩依据。议课是教师研讨课堂、改善课堂教学表现的重要载体，是做课者与观课者之间共同对话沟通的平台，没有疑问与困难的课堂是不存在的，没必要为课堂教学中的问题而大惊小怪。建设合作互助的教师文化，培养教师的交流对话能力，议课时针对现象，赤诚相待，与人为善。

最后是议题准确。议课教师不能面面俱到，每人都要有侧重点，不宜重复。在议课中的大忌就是领导、教师都唱一个调，重复优点，而没有提出缺点或提出改善建议，也没有发现教师行为背后的理念，我们觉得议课从如下主要议题入手为佳：

议题一：从目标教学上议，从教学的目标制定来看，要看教学目标的制定如何全面、合理、具体；从教学目标实现来看，要看教学目标是不是都清楚地反映到每一个教学工作环节中，教学策略是不是都紧紧地围着教学目标，为实现教学目标提供服务。

议题二：从教师在处理教学问题上议，既要看教材知识点讲授得是否准确科学，更要注重分析教师教材管理与教学方法选用问题上如何突出了重点，攻破了难点，把握了关键。

议题三：从课堂教学程序上议，看课堂思路设定是否适合学校实际情况，看课堂的教学结构设置是否合理。

议题四：从教学方法与手段上议。看教学方法的多样性，这个环节也是体现做课教师教育素质的重要环节，因为优秀教师往往能让教学过程超凡脱俗，常教常新，具有艺术化；再看教学方法的创新和变革，是否彰显创新素养；看做课教师信息素养是否水平高，能否熟练运用网络资源、智能化教学工具和教学新技术服务于课堂教学。

议题五：从教师的课堂教学基本功上议。议板书、教态、话语、操作等。

议题六：从教学效果上议。重点议出这节课学生收获了多少，有多少学生把重点和难点突破了，当堂训练有多少学生会做。学生受益面大小，各种程度的学生在原来基础上是否都有所提高。

为保证给学生"减负"，教师必须自行"加压"，要从传统的观课议课的误区中尽快走出来，将观课与议课的关注点放到学生本身和课堂实效上。由此叮知，观课要用心去看去听、去思去悟，用心灵融入课堂，将心比心，和做课教师合情合拍，观课才有底气。议课也不是简单地下个结论，做个判断定语，它也要用心去对"课堂、教学、教师、学生"等影响教学效果的因素进行讨论，议出短长，让做课者有进步，议课者有收获。

第三章 谈学论教

提升磨课实效的思考与策略

磨课，是学校教研中的常见活动，指一个团队帮执教教师对教学预案和试教过程进行认真研究、精雕细琢的过程，它是一个凝聚团队智慧，通过反复推敲将课堂教学推向实效、高效的研磨过程。但在磨课过程中时常存在一些问题，如方向不明，按照教学的流程磨；主次不分，事无巨细，挑出各个细节去磨；主题混淆，一遍遍磨，效率低下，耗时费力。因此，磨课团队须聚焦教学研究问题，引领磨课方向，才能大大提升磨课的实效性。如何聚焦教学困惑，提升磨课实效呢？笔者以实践和调研情况为例，提出几点思考与策略。

一、磨解读教材、对照课标，探究教学的"魂"

要解决"从哪里来，到哪里去"的问题，教材解读是最基本的教学准备。从宏观层面来看，执教者和磨课团队要站在全册整体视角，要厘清教材的编排体系，知识点在各册教材的分布，编者意图和螺旋上升的情况；从微观层面来看，要从单元整体教学出发，深入挖掘教材，洞悉每一个知识点的源与流，厘清纵向脉络，加强横向联系，将零碎的、散落的知识连点成线、织线成网，形成完整的知识系统，从而达到优化学生知识结构，促使学生深度理解、灵活运用所学知识的目的。要深刻理解和把握教材，让静态的文本知识变为动态的活动内容成为主要的教学方式，让学生在活动中经历知识形成的完整过程成为执教者主要的设计出发点，真正做到

"用教材"而不是"教教材"。

二、磨教学设计，落实课标，探究教学的"脉"

欲上一节好课，重点要解决"怎么去"的问题，教学设计是上好课的第一环节，抓住教材和新课标的核心，设计出科学流畅的教学流程，确定好授课的框架后进行磨课工序。

（1）初磨。执教教师在本教研组以说课形式或无生授课形式把自己的教学设计讲出来，把教学过程演绎出来，让磨课团队对自己的教学设计有个初步认识，提出修改意见和建议。执教教师这时要厘清思路，定好框架，以使自己在上讲台前对教学设计进行深入较大幅度的完善修改，下次磨课时整体思路不变，只做细节上的调整，磨课效率自然就高了。

（2）再磨。执教教师可选取一个班级试讲，邀请1～2名师父进行试听，把初磨的教学设计进行常态教学演绎，通过课堂实践发现的问题和学生反馈、观课者反馈的问题，对教学设计进行深入修正。

（3）多磨。再选2～3个班级分别邀请不同教师和工作室团队进行磨课，针对不同的班级会有不同的问题，听课者层次不断变换，提出的建设性意见就会不同，执教教师可以对各种意见充分吸收梳理，筛选出有修改价值的内容融入教学设计之中。在磨教学设计中要注意从三个方面进行优化：

一是优化教学环节。教学设计要流畅，前后连贯，执教者对于每一环节的设计依据、设计意图要了如指掌，才能从关注课堂教学转向关注学生学习。

二是优化教学预设。动态课堂有许多不可控的因素，在磨课中，选用的班级不同，学情也是不同的。比如，在某个班采用了一些方法试讲效果很好，一换班级就出问题，这种现象表明学情决定教师的教学设计，因此教师要有多种预案，预设一定要充分，具有开放性、灵活性和包容性，随时切换到与之匹配的教学方式，这样才能达到灵活应变的效果。

第三章 谈学论教

三是优化问题的导向。好的问题的提出，能点燃学生思维的火花，激发学生主动探究的兴趣；好的问题的设计，一定是能够反映学科本质，涉及对学科观念、学科思想、学科思维方式以及学科精神、学科文化的领悟和理解；在好问题的驱动下，学生能在活动中经历知识的产生、形成和发展的过程，进行深度学习。精练语言，课堂语言要简洁，提问要精准，能起到一石激起千层浪的效果，要有"抓住关键，一问传神"的效果。删减一问一答式的简单提问和那些无效的提问。

三、磨课堂生成，提升素养，探究教学的"根"

要通过磨课构建起课堂民主、问题导向、活动贯穿、脉络清晰、素养生根五位一体的生本课堂；磨课要以学生的学习活动为中心，以学为主线、以学为本，以所有学生的素养提升为目标，寻找提升学生学习能力的途径，引导学生在正确的方向、正确的路径上进行学习探究，实现教是为了不教的目标。看教师是否能蹲下身子，降低视角，从学生的角度筛选符合的教学内容和方法，是否了解学生能够接受知识的程度、学生交流能力、学习参与度等，融入自己的教学智慧；看教师是否遵循"三不教"的原则，即学生已经会的不教，学生可以自己独立学会的不教，教了也不会的不教；看教师是否注重学生对方法的总结与提炼、比较与分析，培养学生自觉将所学方法迁移运用到新知探究中的意识和能力，通过生生互动、师生互动等形式多样的活动引导学生自主、合作、探究获取知识，学会学习；看教师是否围绕核心素养展开教学，关注学生在课堂中的情感体验，引领学生多角度、辩证、全面地思考问题，提升理性思维，培养科学精神，让核心素养落地生根。

四、磨专业引领，共同成长，探究教研的"法"

特级教师黄爱华曾说"磨课、磨人"。磨课应成为学校教研常规性活动，使教研活动落到实处，成为教师提升专业素养的集训地。在磨课中不断试讲、倾听、评议、否定、修改、重构，对于观课者和执教者均是一种历练；在研磨中使教师对核心素养和新课程理念把握得更准确，对课标和教材挖掘得更加透彻与深入，对学情和班情分析得更为精准；在磨课中专业引领者抛砖引玉，使执教者能够借助同行智慧的光芒，照亮思维的前行之路，打开脑洞进行创造性设计。同时，也使执教者的点拨引导能力、课堂应变能力、教学创新能力等得到相应提升，教学实践不断丰富，教学智慧得以发展。在磨课中团队要集思广益，将各种教学理论和技巧与教师自身长处相结合，发挥团队力量，通过同行观课议课，专家点拨指导，线上线下相结合，录像回放反思等方式，搭建多种磨课平台，营造和谐融洽的研究氛围，在研磨中碰撞出思维的火花，才能磨出优质的课例。磨课最大的忌讳是观课者的建议高谈阔论、漫无目的、主题散乱，批判性意见多，建设性意见少，让执教者云山雾罩一头雾水，无从修改。课堂教学难免有细节疏漏之处，观课者必须要有换位思考的理念去提出切合实际、专业性强的建议和意见，明确改什么，怎么改；哪些必须删，哪些必须加，哪些需要调整等，真正磨出效果。执教者要力戒心浮气躁，沉下心来，以更细腻的心思、更敏锐的洞察力去梳理、剖析课例的失误环节。

"千淘万漉虽辛苦，吹尽狂沙始到金。"好事多磨，好课是磨出来的，理想的磨课应该是以执教者的专业素养为前提，以提高课堂教学效率为目标，在充分尊重学生个性发展的前提下，科学合理设计教学。在听取执教者教学反思以及观摩课堂实施的过程中，引领执教者进行教学设计的优化与提升，把执教者的个人智慧以及团队的集体智慧进行有机整合，才能真正磨好一节课。

用敏锐的督导视角助推学校
课后服务提质增效

一、案例背景

2021年6月，教育部发出进一步做好课后服务工作的相关文件，在这之后，"双减"政策出台，学校的"课后服务"摆在了学校的重要议事日程上，推进课后服务也就成为支撑实现"双减"工作目标的重要举措，更是彰显学校办学特色、促进学生全面发展的重要途径。

二、案例描述

我直接督导的学校是一所新建县直完全小学，学生533名，教师34名。该校生源主要来自进城务工人员子女，学生素质良莠不齐，学习基础和学习习惯有待提高。作为这所学校的责任督学，在课后服务政策出台后，如何让学校在"双减"背景下实施好课后服务？必须在课后服务的基础性和选择性上下功夫，还要在提质增效上下功夫，这也是我到校督导的思考和定位。

2022年春节期间，我督导的学校有几位家长反映孩子本来从乡下转到县城基础就差，又碰到"双减"政策，越减越不知道孩子该怎么培养了；孩子回家有时没作业，有时作业很多，家长见不到作业，又不让孩子去培训班，课后服务不知孩子在干啥？……我虽做了政策性的解释，但家长仍是表现出一脸懵懂无奈的样子。3月份刚开学一周，我就踏进责任校进行开学第一次督导，在查阅各项资料后，特意将课后服务相关材料留下进行了审阅，发现以下问题：一是课后服务辅导答疑方案一笔带过，没有"一年级一策""一班一策""一类学生一策"方案。二是作业设计方案中层次不够科学，设计种类不够丰富；只对作业总时长进行要求，没有各学科作业时长，如何协调作业时长等问题不够细致。三是翻开学生作业，字迹不工整，基础题错误较多，学生的基础太差。四是社团活动师资力量匮乏，虽有安排，但效果甚微。

了解真实情况后，我第一时间找到校长和该校分管"双减"工作的校长，就发现的问题和两位校长进行长时间的探讨，并达成课后服务的共识。第二天立即召开中层以上的开学布置会，校长让我在会上重点解读"双减"和"课后服务"要义和实施对策，反馈开学督导意见。我在会上开宗明义地指出：给学生减负是要把不合理的负担减下来，并不是降低教学标准；不能简单缩短在校时间、减少作业量、降低课程难度，而是要做到有增有减；要减去强化应试机械刷题、校外超前超标培训等不合理的负担；要进一步优化课堂的教学模式，要坚决避免出现无差别的全体减负、无目的的盲目减负、不顾实际的强制减负；我校要对标对量，根据本校实际进行减负，课后服务就是对"双减"的补充和支撑，抓好课后服务就是提质增效。同时在会上解读了相关文件和指标，学校和中层干部、教师签订了《严守师德规范做好"课后服务"》承诺书，积极下发"双减"和"课后服务"的"告家长的一封信"，让家长对新政策的知晓率得以提升，学校和我下决心出实招、硬招、真招，将"课后服务"提质增效，落地落实。

（一）督导"作业设计+班本课程"，夯实课后服务主基调

"双减"政策对各学段学生的作业时长作出了明确规定，这意味着作业布置将会更科学、更合理，总量上会有明显减少。作业量的减少并不意味着不再需要布置作业，只是对于作业设计的要求会更高、更精，让学生在课后服务时间即可完成部分或所有作业，剩余时间进行班本课程，开发智力，减轻负担。因此，我从以下三个方面进行了督导与整改。

1. 在校辅导答疑是督导的关键

让教师重点从辅导学生学习方法，指导学生完成作业，培养作业习惯，保证作业质量入手，对学习有困难的学生进行课内辅导，开展爱心答疑和面批面改。对当日或本周的课程中出现的疑难杂症在课后服务时间全部消化，辅导答疑做到"一校一策""一年级一策""一班一策""一类学生一策"，形成补知识缺失、纠认知偏差、改理解错误、连思维断层等策略，达到答疑释难、培优补差的效果。另外，教师在指导学生完成当日作业后，剩余时间组织学生开展班本课程开发，制作了如语文学科课本剧表演、诗词飞花令、高年级阅读交流心得、低年级绘本阅读等，理科学科九连环、玩转魔方、趣味七巧板、汉诺塔、巧算二十四点等，英语学科经典电影配音对白、课本剧表演等班本课程。

2. 书面作业是督导的核心

督导要求各班整体把控各学段学生作业难度和作业时长。精准分析学情是整体把控作业难度和作业时长的重要手段。教师要以中等水平学生为参照物，有意识地记录分析学生的作业完成比例，为整体把控作业难度和时长提供依据，教师也可以通过自己试做的方式，进一步研判作业的难度和时长。科任教师要相互协调控制作业时间，按照文件要求压减作业合计时长。书面作业还要根据学生兴趣特征、学习习惯和能力的差异进行分层、弹性、个性化设计。根据学生的接受能力、作业内容、作业的难度划分出一至四个层次，不同层次的学生可以选择性地完成相应的作业内容。也就是分层进阶设计，即将作业设计成基础题（"做对"阶段）、技能题（"做快"阶段）、提升题（"用对"阶段）、拓展题（"用活"阶段）。

3. 评改作业是督导的重点

评改作业也是课后服务不可缺少的环节之一。督促学校在评改作业上制定了一套科学体系，教师评改作业可采用定量式评价、等级式评价、进阶式评价、对话式评价等多种方式。坚持正面激励，对低年级学生书面作业的评改要多给予奖励，引导学生爱做作业、不排斥作业，对高年级学生作业的评改要诚恳给出建议和指导性批注，引发学生的探究性思考。为了减轻教师批改负担，要不断提升个别面批、组内互评、集体讲评等反馈方式的针对性和有效性。

（二）督导"社团+校本课程"，落实"五育"并举

社团课程从学生多方面发展需求、发展优势出发，融合各门学科、多元目标、多元主题和评价，开发出一套集趣味性和教育性于一体的"社团+校本课程"体系。整套课程通过大主题下的小活动有序地推进、训练学生的认知理解、探究实践、思维训练等一系列综合能力，夯实核心素养。根据学校办学特色，分别编写出艺术类、体育类、劳技类、科普类、阅读写作类、数学类等校本课程，大类中分小类，科学制订课程计划、内容、形式、操作程序和考核指标，固定社团教师和场地，让各社团教师有章可循，每课有内容，每周有任务，每月有展示，让学生学有所乐、学有所长。突破学科、教室壁垒，可开设多个跨班级、跨年级社团，内容覆盖身心健康、生活实践、创新思维、科学技术和艺术人文等领域，开展丰富多彩的"五育"社团活动，让课后服务成为学生的成长乐园，促进学生全面健康成长。在社团开设上，学校注重专业性和实效性，盘活教师资源、家长资源、志愿者资源，选择教师专而精，教学质量和形式高于校外培训，根据需要学校校外聘请专业人员两人，向支教团每周三借聘专业教师两名指导社团，提高社团活动质量，让家长放心。

每当我周三走进社团活动现场时，看到同学们的一张张笑脸和一双双巧手，这让我倍感欣慰，他们在这里培养兴趣、释放天性、增强体质、发展特长。每天早晨八点前教师和特长学生都会练基本功，孩子们展示着课后服务社团中学到的吹拉弹唱技能，清晨的校园像音符的海洋，舞动着童真的旋律。

第三章
谈学论教

（三）督导"经费保障+人文关怀"，提升课后服务质量

落实学校课后服务管理责任，制订优化课后服务督导办法和管理办法，严格考核，提高课后服务质量和管理水平，谨防课后服务单调重复，走过场、无营养。另外，课后服务无形中增加了教师课时负担，建议学校加强对教师的人文关怀，可通过提升补助标准、合理安排作息时间等方式来调动教师参加课后服务的积极性。完善课后服务经费保障制度，建议在坚持普惠公益原则前提下，以地方财政投入为主、家长合理分担运行成本的做法，使课后服务经费用到刀刃上，除给课后服务教师和相关人员合理补助外，及时补充课后服务的材料及设施设备，不能出现课后服务"巧妇难为无米之炊"的现象。要真正做到课后服务提质增效，督导建议教育行政部门和学校还需要解决三方面问题。一是学校坚持依法治校，落实办学自主权。学校不能为迎合部分家长的急功近利诉求，成为学校减负的绊脚石，让"双减"形同虚设；二是纠正以往的教育政绩观，推行多元的评价体系。不能一边是教师减负要求控制学生作业总量，一边是把学生的考试成绩作为考核学校和教师的唯一指标，把考试成绩排名与校长、教师奖励挂钩，导致学校和教师不积极落实"减负"工作；三是治理校内减负、校外增负的现象。由于作业减少，家长的焦虑情绪此起彼伏，回家又给学生额外布置作业，或者抽空送学生去校外培训机构，无形中增加学生负担。

一年来该学校把课后服务打造成"双减"主阵地，在县域内起到示范引领作用。该学校全力践行"学校尽心、学生开心、家长放心、社会安心"的服务目标，对课后服务工作丰富内容上水平、吸引学生广参与，形成了家庭、学校、社会协同育人的合力，课后服务工作取得积极进展，有效缓解了家长接孩子难的问题，受到群众普遍欢迎。2022年9月10日教师节，"双减"落地一周年，该校荣获县委、县政府颁发的"双减"工作先进集体，这是对学校"双减"以来的举措与成效给予的充分肯定和高度赞扬。

三、案例反思

通过该校"课后服务"的督导，校长从心底发声："有你们督学把脉定向，我们工作如鱼得水，顺畅多了。"这些话语让我感受到督导成功的喜悦，同时又对责任督学中的"督"与"导"之间的关系有了更深层次的理解。只有督学自己真正读懂吃透教育政策文件精神，同时深刻了解学校的现状，这样我们提出的督导建议才能落地落实。

1. 要明确好职责

责任督学要本着"为学校服务、为校长分忧"的心态，给自己定好位，不能缺位，更不能越位。督学的主要责任是督、导，不是让你代替行政、代替校长直接去解决问题，而是建言者、监督者，将意见提出来，最终达到敦促问题解决之功效。

2. 要明确好身份

责任督学是学校的服务员，是责任学校中的一员，不是什么"钦差大臣"，要放下架子，融入学校，与校长、教师建立互相信任、密切合作的伙伴关系，不要高高在上，要以平等的身份与学校进行沟通交流，要有校荣我荣、校衰我耻的大局意识。

3. 要行使好权利

不要做老好人，只说好的，不说差的，要洞察秋毫，分辨是非，注重深入现场，注重实地考察，注重跟踪督察，注重掌握最真实的数据，及时提出问题，及时向教育督导室汇报备案，还要跟踪到底整改到位，将学校整改情况列入目标管理考核。

责任督学挂牌督导，责任重大，使命光荣。要在"双减"和"课后服务"路上站位正确、学习跟进、措施得力，为教育回归本真保驾护航，让校园充满勃勃生机。

运用人工智能技术提升"名师课堂"效应

随着"互联网+教育"的发展，人工智能的崛起，科技的发展带动了学校教育教学方面的深层改革，人工智能也在悄然改变着教学原来的模式。在信息技术与教育教学深度融合、深化"三个课堂"应用创新的当下，让学生接触、理解、掌握人工智能技术非常重要。笔者认为，将人工智能引入"名师课堂"教学中来，示范引领广大教师将人工智能逐步融合落实到课前预习、课中教学、课后辅导、教师教学研究等环节中，会使教育教学收到事半功倍的效果。基于此，笔者从人工智能入手，探讨将人工智能的研究成果应用到"名师课堂"过程中，激发学生学习兴趣、推动教师专业成长、促进教学提质增效。

一、智能新授课堂，会使"名师课堂"锦上添花

"名师课堂"网络化、信息化、智能化，已成为教师教学研究的新方式。在人工智能时代，教师面临的最大挑战就是如何利用人工智能技术促进学生的学习。让学生从接触生活中的人工智能APP入手，体验人工智能在图像识别、语音识别、自然语言处理等方面的生活应用；让枯燥乏味、概念化、模式化、抽象化的学科，合理运用人工智能技术，激发学习兴趣，把学科内容趣味化；让学生从被动接受转变为主动学习，对学生创新精神和实践能力的培养具有重要意义。

一是针对低学龄学生的特点，游戏化教学。巧妙利用好人工智能设

备，抓住学生的好奇心，让学生将专注力锁定在知识上，达到学习上的事半功倍。例如，在教学《长方形的认识》一节时，我将常见的智能音响带到课堂中，向学生介绍了它的主要功能后，让学生们自己打开课本去预习将要学习的知识，有什么不懂的可以向智能音响提问，让智能设备带着学生一起预习。有位学生问道："什么是长方形？它有什么特点？"小音箱回答道："在几何中，长方形（又称矩形）定义为四个内角相等的四边形，即所有内角均为直角。它的特点就是对边相等，四个角都是直角，对边平行，邻边垂直。""正方形是长方形吗？"小音箱回答道："正方形是特殊的长方形"……在"音响老师"讲解过程中，学生一改以往的课堂气氛，全部学生都在聚精会神地听讲，很少有学生做小动作。

二是针对高年级学生的特点，在授课方式上将人工智能技术带入到课堂中，有助于实现课堂教学效率的最大化。通过整合与创新设计的基于人工智能技术的人机对话、师生共读、生生互学、AI融合的多模态悦课，实现智能设备授课，将学生的注意力和学习兴趣带动起来，帮助学生建立主动学习的好习惯，从而为知识的理解和巩固奠定基础。比如，在小学英语"名师课堂"中，可以用英语智能学习系统人机对话的形式引领学生进行听说训练，人机对话具有口语识别分析等功能，只要学生大胆说，它便会和你互动，让害羞说英语的学生放开嘴巴，大胆尝试开口说英语，特别是在面向农村教学点的口语课堂中的应用，能够弥补乡村英语教师短缺的困境。又如，在人教版小学数学中高年级课本中，学习各种几何图形时可以采用一些人工智能的机器人动画来讲解，通过在屏幕上展示各种线段和几何图形，可以讲解图形周长、面积的推导过程，通过动画的形式进行模拟展示，将不同颜色进行区分和移动组合，将计算面积的区域用不同颜色显示，这样同学们就可以更直观地感受图形的周长、面积等算法，学生学起来更轻松。神奇的功能，让学生感到有趣、新颖、独特，在惊叹人工智能的同时，又改变了学生学习的模式。

三是针对课后作业辅导的特点，将人工智能用于巩固复习中能起到及时反馈、查漏补缺的作用。人工智能应用于课后作业，能够聚焦学生的学情分析、调整课后服务策略，布置适量、指向性强的作业，减少重复机械刷题的频率，从而让作业更轻松，解决了家长在辅导作业时力不从心的困境。利用大数据分析平台智能分析判断学生的作业及试卷数据，形成基于学生个人知识点的认知图谱，形成学习准确预判，使学生更加清晰明了地认识自己的优缺点。例如，在小学数学"加减乘除"的运算中，有很多的运算公式，需要学生投入大量的练习。教师可以通过人工智能产品（学习机、手机APP）进行运算巩固，通过人工智能产品进行教学视频的观看和课后的练习，每次课后，教师可以布置一些网上完成的作业，学生完成作业后提交到网上，从而使人工智能系统可以自动掌握每个同学的学习程度和接受知识的程度，将没有掌握的题目反复出现，直到同学可以将知识正确理解为止。这种方法可以有效帮助教师掌握学生的学习情况，即便是放学回到家中也可以对学生进行一些课后辅导，或者面对面地进行交流。

二、智能诊断课堂，助力优化"名师课堂"

"名师课堂"的要求比常态课要高，学校针对大部分教师课堂出现的困惑经过梳理归纳，由区级骨干、市级骨干教师、教学能手等名师针对问题备课、磨课、上课来引领。如果将人工智能运用到课堂中，会使做课教师省时高效。时下流行的MOOC（慕课）解决了教育资源的短缺问题；而"翻转课堂"则改变了以教师为主体的课堂，重构了教学结构；人工智能则实现了从"先教后学"转向"先学后教"，有助于解决教学资源的不足。比如，在磨课中，让"智慧课堂行为管理系统"上线，"慧眼"是本系统的眼睛，"慧眼"通过现场探头对上课学生"刷脸"匹配，记录学生课堂多种行为，以及识别学生各类表情，并在这基础上完成对学生的专注度偏离分析，即对课堂上学生的表情、行为进行统计分析，并将异常行为实时反馈给教师。教师通过反馈应答器，收集每个学生知识掌握的情况，形成行为加反馈的两个维度的数据依据，为教师提供了对学生个体、小组、班级等随堂数据和课外数据采集与分析，教师利用数据分析结果，精准找出学生个性学习问题与班级的共性问题，找出学生学习的薄弱点、疑难点，改进教学策略与方法，随时进行分层、分类教学。

智课系统可以帮助教师发现自己教学中的提升点和不足之处，教师依据系统生成的课堂效果进行教学反思，及时与"名师课堂"教学行为数据对比，改进教学方法，不断调整教学行为。例如，制定出"三个行动"精准教研，即"个体行动"——教师基于视频实录、数据报告自我对标反思，找准磨课中改进的点；"小组行动"——教师磨的课同步在网络教研平台上，评价小组随时观课议课，提出修改意见和教学策略，小组一起同课异构，小组给出的经验性评价以及基于教学行为数据和同课异构分析，最终找到解决问题的多种方法，反复提升课的质量；"选优行动"——经过多轮磨课，将"名师课堂"的课打造成精品课，积累优质资源，建设教师成长智库。人工智能汇聚课堂教学多维数据的智能分析，能够形成更加精准的教师课堂教学行为的可视化分析结果，把教师从繁杂的体力劳动中解放出来，从而集中精力处理知识性的问题，进行创新性的思考，有效指导教师教学，提高教育教学成绩，享受科技给教育教学带来的便利与成果。

总之，人工智能教育进入课堂，是新时代教育发展的必然。知识的教授和学习应该紧跟科技的发展，作为当下新一代的一线教育工作者，我们应该将人工智能带入到课堂教学中，结合多种教学方法调动学生的学习兴趣，让学生在提问中思考、在解疑中理解、在复习中巩固，智能诊断助力新课改，让教师从重复性劳动中解放出来，让人工智能与课堂教学深度融合，开辟出新的教学思维和教学方式。

素质教育的听课、评课导向

教研工作者的听课评课在很大程度上影响着课堂教学改革的方向。一些教研人员还以传统教育的观念和模式进行听课、评课。听课只注重教师的基本功，没注重学生能力的培养。在公开课的课堂上，师生"演出"提前准备好的"戏"，听者往往被一些表面热闹、花样繁多的授课形式所迷惑，评课时说优点多，指缺点少，较少涉及学生学得怎么样，学到了些什么知识，培养了哪些能力，难以找出教学改革方面的创新问题。因此，笔者认为应摒弃这种听课、评课模式，建立一种素质教育下的听课、评课新模式。

一、要看教学思想是否符合素质教育，课堂教学目标是否明确以及目标是否达到

教学目标是全部教学活动的出发点和落脚点，教师在课堂教学中应始终围绕教学目标去教，学生要为达标而学。只有明确了目标，才能选择适当的教学方法，合理设计教学结构，才能既传授了知识，又增强了学生能力，做到有的放矢，提高课堂教学的实效性。学生在课堂上的智力发展，要靠教师指导和学生自己独立学习，有了这两方面的统一协调，才能增强学生的能力，从而达到教学目标。在听课时，评课者要注意教师是否在"唱独角戏"，是否用现成结论取代了学生的自主学习探索，一些教师虽然安排了学生阅读、讨论，却不做具体要求，只是流于形式，等等。这样

的教学思想和教学做法就不符合素质教育的要求。在听课时，评课者要观察学生完成了哪些思维训练任务以及思维训练是否跟掌握知识有机结合，做到评课时胸中有数，这样才能使教师信服，才能促进教改。

二、要看教学方法创新是否恰到好处

教研人员应充分利用听课、评课这一基本途径，指导教师积极参与教学改革。例如，《梯形面积的计算》一节，在教旋转拼移法这一环节上，一位教师是通过讲解—演示—实践来进行教学的；而另一位教师则充分相信学生的潜能，让学生先打开书，按书中要求自己试做后，请一名同学演示，最后再由教师示范操作。这样，加深了学生对知识的掌握程度，激发了学生浓厚的学习兴趣，展示了学生的才能。在此评课者的正确评价有助于前面教师对教法的改进和后一位教师的进步提高，反之将会在很大程度上抑制教改的进度。因此，教师要根据教材的内容和学生的认知水平，以指导学生掌握知识和学习方法为目的，选择恰当的教学方法和教学手段，调动学生思维的积极性和主动性，激发学生学习的兴趣，创造良好的学习环境。

三、要看学生的主体活动是否充分，教师是否注意了面向不同层次的学生

在课堂教学中，教师应让每个学生都真正参与到学习活动中来。一些教师在上课时提问的对象或上黑板演算的学生都是些"得意门生"，照顾不到中等生和后进生，只让这些同学在练习本上练习。表面看来，全体学生都在活动，但是由于检查不充分或其他原因，产生了越俎代庖的现象，使得中等生和后进生在学习上吃"夹生饭"。随着时间的推移，这些学生知识上的缺口越来越大，久而久之，就会掉队。另一些教师则能根据学生的不同情况，围绕教学目标设计不同的问题，设法让每位学生都动起来，通过自身努力，掌握所学内容。虽然上课纪律较"乱""动作不齐"，但

学生学习效果明显。因此，评课者必须以科学的观点去看待、分析，及时鼓励教师教学思路的改革，从而达到培养全体同学，使每位学生都能全面发展的目的。

四、看课堂上是否处理好整体与部分的关系，新旧知识是否衔接

课堂上节与节之间、章与节之间、册与节之间并非相互孤立的教学内容，每一节都是册的组成部分，不要就节讲节，讲得支离破碎。教师教学时要让学生形成科学而系统的知识体系。听课时，评课者要注意授课教师是否心中有全局，知识过渡和衔接是否自然，是否超出这节课所授知识的"度"，还要注意教师讲课的方法和特点。另外，课堂容量是否适中，能否促使学生积极思考，这也是评价一堂好课的依据。

五、评价一堂课最重要的是看课堂教学效果即学生上这节课的收获

一些教师一堂课滔滔不绝、口干舌燥地讲完，学生还回答不出课后的思考练习题，这样的课就是一堂不成功的课。不能只听教师讲得好而断言这节课是好课。听课时还不能只把注意力集中在个别学生的回答或个别题目的练习上，而应着重考查全体学生对知识的理解、运用和巩固的程度，考查学生是否真正掌握了这节课的内容，每位学生是否都能吃"饱"。以此作为评课的重要依据。

总之，听课和评课是为了改进教学，探索规律，不断提高教学效率和教学质量，因而应以现代的教育理论，先进的教育思想去指导评价教师的授课，进一步促进教师转变教育思想，提高教学水平。

让学生在探究中学习

一、让学生充分发表见解，把自由表达机会留给学生

转变学生"要我说"为"我要说"，鼓励学生发表自己的意见，提倡生生互动，师生互动。因此，教师要充分发挥学生的能动性，让学生充分表达自己的见解，这样会收到意想不到的成效。如在教学二年级上册"比一个数多几的应用题"时，一位教师出示例题"聪聪有5朵红花，黄花比红花多3朵，黄花有几朵"后，并不急于讲解这道题的算法，而是引导学生如何想办法解决这道题，并说说自己的理由。

生1：我是用摆小棒的方法来解决这个问题的，红花有5朵，我先摆5根，黄花比红花还多3朵，在下面先摆和红花同样多的5根，再摆出多出的3根，我一数小棒是8根，因此黄花就有8朵。

生2：黄花比红花多3朵，把黄花看作大数，红花看作小数，多3朵是相差数，求大数就用小数+相差数。列式为5+3=8。

生3：我是用画线段方法解决的，先画一条线段表示红花，然后再找关键句：黄花比红花多3朵，所以黄花这条线段长，因此用加法计算5+3=8，黄花就有8朵。

生4：我根据生2的理解还明白了，如果知道了黄花朵数和红花比黄花相差的数量，那么求红花的数量，则它是小数，就用大数-相差数=小数，列式为8-3=5。

在教学中，多给学生留出时间和空间，学生往往能表达出出乎教师预

料的见解，感悟到教师感悟不到的东西，从而能充分发挥学生的自主性、主动性和创造性。

二、让学生主动参与教学，把动手操作的自由还给学生

在教学中，教师应多挖掘教材中可利用的因素，把数学教学中的一些知识设计成学生探讨研究的实践操作活动，让学生动手操作，感知感悟，从而培养学生解决实际问题的能力，发挥学生的创造力。

如在教学一年级上册"认识立体图形"时，我出示生活中常见的物体：牙膏盒、足球、茶叶桶、乒乓球、魔方等，先让小组去分一分，并让学生分别说说是怎样分的。

生1：我们组把牙膏盒、鞋盒放在一起。

生2：我们组把魔方和那些方方正正的盒子放在一起。

生3：我们组把球体放在一起。

再让学生摸一摸，摸完后给教师说说感觉。

生1：摸到长方体有6个面，每两个相对的面一样大。

生2：茶叶筒上下面是圆的并一样大。

生3：球是光光的。

最后让学生搭一搭，把桌子上的学具像搭积木一样搭一搭，看谁搭得最漂亮、最平稳，说说从中发现了什么。

生1：球不能放在最下面，因为它容易滚动。

生2：我发现牙膏盒或魔方放在下面搭得比较平稳。

生3：茶叶筒或易拉罐只能竖放在下面，如果横放容易滚动。

这样，通过分一分、摸一摸、搭一搭，让学生进一步区分这些物体的特征，感知了它们的区别，为图形概念的建立作了坚实的铺垫；给了学生动手操作的时间，让学生在活动中学，亲身体验知识的形成过程，使课堂教学活泼而有趣。

三、让学生主动参与交流，把个性体验的机会留给学生

2011年版课标中对"三维目标"中的"情感态度"提出了明确要求，让学生"在数学学习活动中获得成功的体验"，而学生要想获得成功的体验，就必须主动参与，自主探索，合作交流，真正形成自己对数学学习的切身体验。

如在教学一年级"两位数减一位数"时，我出示算式：23-7=？先让学生自己动脑筋，想想办法，算出结果是多少，再在小组内交流，总结算法。小组汇报如下：

一组：我们是用小棒一根一根地减。

二组：我们是通过思考得出的，因为13-7=6，所以23-7=16。

三组：我们组是在计数器上拨珠子算出来的。因为23-7就是从23里去掉7个1。我先把计数器个位上3个1去掉。还要去掉4个1，我就从十位上拨出一个珠子换成个位上10个珠子，再从个位10个珠子里去掉4个，结果就算出了16。

四组：我们把23分成10和13，用10-7=3，再把3+13=16。

五组：我们先用23-3=20，再把20分成两个10，用一个10-4=6，最后把6+10=16。

这样教学，让学生有成功的体验，而主动思考与实验是学生获得成功体验的基础，让学生主动思考与实验就必然开放了课堂，形成张扬学生个性的氛围，才能展示出学生的不同体验和困惑，使学生的个性得到充分地张扬。在教学中，如果教师强调统一的算法，学生能有这样丰富多彩的成功体验吗？

四、让学生主动参与实践，把课外探究时间空间留给学生

要让学生学好数学，仅仅依靠课堂是远远不够的，还应充分利用课外活动空间，把课堂教学与课外活动有机地结合起来，引导学生把课堂所学

的知识和方法运用到生活实践中去，从而开阔学生视野，扩大学生的知识面，拓宽学生的知识深度与广度。

如在学习"长方体或正方体"这个单元后，我为学生设计了这样的实践活动。

（1）收集生活中常见的设计精美的长方体或正方体的包装盒，开一次展示会，从中鉴赏几何形体及图案美。

（2）找些长方体或正方体的食品盒，测量并计算出它们贴一层商标纸的面积。

（3）找一些长方体或正方体的实物，分别测量它们的表面积和体积。

（4）收集生活中常用长方体或正方体容器容积的数据信息，并记录下来。

（5）用一块长20厘米、宽15厘米的长方形纸板，制作一个高5厘米的无盖的长方体盒子，请你写出自己的设计方案，并用图形表示出来。

在整个探究过程中，学生是在全员参与、时间充足的操作活动中完成的，学生在活动中不断产生问题，产生体验，那么在学生动手操作实践的实验之后，教师还有必要苦口婆心地讲解吗？

在这样宽松、民主的课堂学习氛围中，教师给学生留下充足的探究时间和空间，让每个学生都处于一种积极向上的状态，学得积极主动，愿意与同伴合作交流，敢于表达自己的想法，在不断思考、探究中获得新知识，体验到"创新"的乐趣。教师与学生交流平等、和谐，并且不断地给予鼓励和评价，在真正意义上尊重了学生的创造性，促进了学生的发展。

略论教师自我反思

人不能没有反思。教师教学更离不开反思。许多脍炙人口的诗句都是反思的结果。"回首当年萧瑟处，也无阴雨也无晴"，这是苏轼对自己人生经历的反思。"往事不堪回首月明中"，这是南唐后主李煜对失败教训的反思。"好好想想，看哪里做得不对"，这也是师生交谈时常用的语言。

反思对教师发展十分重要。但不是任何人都会反思，不是任何人都能通过反思得到成长，那么教师应从何视角进行反思？

从学生的视角进行反思。我们可以回顾我们作为学生时的一些事件、感受、人物，就可以让我们从"别人"的角色来反思我们自己。自己过去和现在的学习经历成为自己教学实践的"镜子"。这样就可以很自然地把自己现在的教学和现在学生的经历联系起来，考虑学生的感受、情绪、思维与行为。回顾我们作为学生的一些感受，可以使我们避免某些教学过失行为。我们还可以站在现在学生的角度进行反思。学生时时刻刻用眼睛和心灵观察和思考着教师。从学生的行为、思维状态、学习成绩以及学生对教师的期待都会反映出我们教学的状况。"学"反映了"教"，我们知道自己的教学对学生意味着什么，我们就能够更好地改进我们的教学。有人主张要学会"从下看上"，即从"学"的角度看问题，关注学生的需要、学生的发展状况以及学生发展能力和素质。以此为出发点来反思"教"的行为、"教"的目的和"教"的思想。

从学生的眼里了解自己的教学，办法很多，如让学生建立学习档案，写学习日记，进行问卷调查，召开师生座谈会等。

以同伴的视角来反思。约请同事观察自己的教学并与同事进行交流和对话，可以使我们用新的眼光看待自己的教学实践。这是教师之间的共同学习、合作学习。我们还可以对照其他教师的行为反思自己的教学行为。或者说，正是身边教师的教学影响，使我们形成了潜在的教学理念。回顾这些经历，我们可以对自己的教学有更清醒的认识。

站在"超自我"的视角进行反思。这是教学反思最主要的研究视角，也可称为教师自传的研究。它可以使我们对自己教学的观念、行为、设计理念进行深刻地审视。这里的教学自传包括教学日记、一段时间的教学回顾角色模仿演练、教学录像等。

以专家的视角进行反思。争取一切机会，与专家进行交流和对话，进而反思自己。但常见的方法还是通过阅读相应的文献，使我们对一些问题找到与自己不同的解释和见解，这样，可以帮助我们接受新的信息、观点，用新的方式研究我们自己。反思不是排斥理论学习，相反倒是我们认识自己的一个角度。

通过家长来反思。学生家长最为关心的是学生的发展。学生在学校中的表现、学生在校外以及家中的表现，家长都很关注。家长的一些观察、了解、思考，往往是我们教师难以了解的，所以，通过家长的眼睛来看学生的发展，倾听家长的意见，也是教学的必要途径。不过要注意的是，家长有可能对教育的全面发展的价值观不甚了解，往往只关注学生的成绩，这是教师听家长意见时要细心分析的。

总之，反思是教师自我提高的阶梯，是连接教师自身经验与教学行为的桥梁。教师的自我反思有助于改造和提升教师的教学经验，为教师开辟一条专业发展的新路。

对学校"青蓝工程"结对帮扶的思考

特岗教师已成为学校的中坚力量，但特岗教师的专业结构、知识结构有待完善和提高。教师经历从入职—成长—专业—骨干，需要一个漫长的过程，这个过程也是学校逐渐发展的过程。如何使青年教师快速成长起来，使青年教师更好地服务学生，服务学校，回馈社会，"青蓝工程"无疑是一个为实现学校稳步发展，促进良好校风形成的广阔平台。

一、让师徒明确结对帮扶的意义和价值是前提

"青蓝工程"对于青年教师的成长有着重要的促进作用，是青年教师提升业务水平的较好方式，也是老教师走出职业倦怠期、业务水平得到二次提升的最佳机会。首先，学校要在各类教研活动中重点渗透和明确"青蓝工程"的意义和价值。大家一直认为"青蓝工程"最佳的状态是：师徒合作，"青"出于"蓝"，"蓝"得益于"青"，"青""蓝"携手共进；"青""蓝"共同提高品格修养，共同发展。其次，"青蓝工程"的目标主要是促进学校建设一支高质量的师资队伍，使每一位教师都成为"师德高尚、境界高远、能力高强、学识高深、言行高雅"的"五高"教师。学校要让教师明白通过"青蓝工程"，无论是名师、学科带头人，还是骨干教师，他们无一例外地都经历了从徒弟到师父、从摸索教学到成为教学骨干的过程，一个优秀教师的成长固然离不开自身不懈的努力，但师父的指导、老教师的"传、帮、带"同样起着至关重要的作用。

"青蓝工程"是一种传承。师父把他们丰富的教学经验，独到的班级管理方法，朴实严谨的教风，爱岗敬业的奉献精神，通过言传身教的方式传授给徒弟。"青蓝工程"是一种促进。通过拜师活动，师父可以从徒弟身上体会更多对教育教学的热忱和激情，也可以更多地了解到瞬息万变的外部世界，感受到徒弟所具备的勇气和创新精神，从而更好地提升自己。"青蓝工程"也是一种纽带。通过师徒结对子活动，可以更好地融洽同事之间的关系，增强师父的主人翁意识，也可以让徒弟对学校这个大家庭产生更多的认同感，从而使学校人际关系变得和谐起来。"青蓝工程"是学校师资队伍建设的一个重要组成部分。尤其在近几年多数学校规模不断扩大、新教师不断引进的背景下，求真务实地做好"青蓝工程"结对帮扶活动是学校教育教学质量稳步提高、可持续发展的基本保证。

二、让师徒明确结对帮扶的责任是关键

"青蓝工程"活动的关键是师徒协同学习，教、学互助发展。学校在"青蓝工程"中应做好以下工作。

（一）抓师父

师父作为指导教师，责任重大，一定要做好对青年教师的"传、帮、带"工作。因为"师父"这一称呼，代表了一种荣誉、一种肯定、一种责任。作为指导教师，传什么、帮什么、带什么，这是应该认真思考的问题。在引导、培养青年教师的过程中，学校强调传、帮、带的内容：德艺、教艺并举。根据青年教师和教育教学实际需要，学校强调指导教师要做到以下四点。

一要带德，使自己的徒弟具有良好的道德认知。德为师之本，师者须德高。作为一名合格的人民教师必须师德高尚，这是灵魂，也是前提。

二要带才，对徒弟进行业务指导，提高徒弟的业务水平。有德尚需有才，德才兼备才是人才。

三要带教，指导徒弟的教学工作。教师首先应该是教书育人的行家，

应该努力提高教育教学能力（包括组织教学，确定和解决教学重点、难点和实现教学目标）；选择和运用恰当的教学方法和教学形式；使用现代化的教学手段；注重语言表达和板书设计；精心布置作业、练习及指导学习方法；组织学生参加课外活动和社会实践；对学生进行竞赛辅导、培优补差；与校内外各种教育力量密切配合，形成教育教学合力。培养这些能力可以通过多种途径和方法，但最为重要的是教育教学实践。指导教师要通过集体备课、相互听课、共同听课等一系列教学实践活动帮助青年教师迅速成长。

四要带研，如果说教学能力是教师的躯体，科研能力就是教师的双翼。我们的教学工作只有插上翅膀，才能从地上飞到天上，在广阔的教育教学天地里自由翱翔！

（二）作为青年教师要老老实实做徒弟，认认真真学习，扎扎实实工作

一要多听课、多思考、多改进，要处理好继承与发展的关系。对指导教师的工作不能照搬照抄，要学会扬弃，在继承老教师丰富教学经验的基础上，根据自己的条件创造性地实施教育教学，逐步形成自己的教学思路、教学特色和教学风格，努力追求自身教学的高品位。

二要确定发展目标。当前，家长、学生、社会对教师的要求和期望值大大提高，学校发展也对教师同样提出了高要求，这就需要我们用新时代的眼光来审视教师职业的意义和价值。青年教师要明确自己的奋斗目标，要做一名勤奋、快乐的教师，要不断地完善自己，虚心向别人学习，努力创新，形成具有自己特色的教学风格。

三、健全工作程序，完善考评机制是重点

"青蓝工程"重点是健全一套科学合理的工作程序：加强领导、过程监督、活动促进、奖励跟进。

（一）加强领导，健全工作程序

学校可以成立由校委会、教务处、教科室、德育处等部门负责人共同

参与的学校"青蓝工程"工作领导小组，明确各部门的工作职责。形成校委会领导牵头，教务处、教科室协同管理、全体教师参与的组织体系，这样就为学校"青蓝工程"系列活动的开展奠定了良好的组织基础。在此基础上，学校每学期都全盘考虑学校"青蓝工程"的工作计划，由校委会负责组织实施，年终予以总结表彰。教务处作为本项活动的负责部门，具体落实各项活动措施，制订方案、签订师徒帮扶合同，通过隆重的拜师会，明确师徒结对的意义以及双方的责任和义务，并将师父的工作量纳入年终考核。同时，学校领导必须和青年教师结对，并按方案同步开展活动，给骨干教师作出榜样。

（二）过程监管，完善考评机制

"青蓝工程"除了有组织机构、工作计划、活动设计等内容外，还要有完善的考评机制。一课一评、一周一议、一学期一小结、一学年一总结是必备的教学策略。上完一单元就进行一次分析、检测；每学期小结一次，写出书面报告；一学年实施一次总结评比，总结评比的内容不仅限于所任学科的成绩，还包括听徒弟上课，检查徒弟的备课、听课笔记和教学心得，看师徒听课、评课记录。学校要求每一位徒弟都要在自我研读教材教法的基础上去听师父的课，然后修改教案后再走进课堂。学校可以要求执教两个班级的青年教师每周听课不少于3节，全学期听课总量不少于50节。此外，针对教龄三年以内的青年教师还可以提出：每周听一节课、每月展出一次备课教案、每学期开设一节汇报课、每年发表一篇教研论文。在学校实施的专项、综合奖励的支持下，无论是新入职教师、青年教师，还是老教师都更加有动力、有活力。

（三）)活动促进

在师徒结对子的基础上，学校还将组织青年教师读书竞赛活动、新教师会课活动、青年教师基本功比赛，鼓励青年教师参加县、市、区级学科教学比赛。把"青蓝工程"工作纳入年度考核，并落实考核评比奖惩制度，评比"优秀师徒"或"优秀指导教师"。学校可以采取"搭台子、压担子、促尖子"的办法促使青年教师迅速成长，以实现青年教师"一年站稳讲台，两年胜任教学，三年力创佳绩"的培养目标。

（四）奖励跟进

为了保证"青蓝工程"结对帮扶制度能够有效实施，学校可以在每学期末对师徒的教育教学成果进行考核。为了回报师父为徒弟、为学校兢兢业业、不遗余力的付出，当徒弟有了成绩，学校可以及时奖励表彰师父；反之，师父如果没有带好徒弟，师父的年终考核也会因此而受到影响。这样的制度鼓励了师父要全身心地教好徒弟，徒弟也要尽自己最大的努力为师父争光。除此之外学校还对师父实施精神激励，专门设立"伯乐奖"，大力表扬甘做人梯、指导有方的师父；每年教师节奖励在"传、帮、带"过程中涌现出的好师父、好徒弟，极大地促进了师徒结对子的工作积极性。

"青蓝工程"工作要合理搭配，最好一徒二师，明确责任，让师徒共同成长，引导师徒走出"同行是冤家"的死胡同，走共赢之路，实现结对子效率的最大化。

信息技术与课程整合之我见

整合指的是一个系统内各要素的整体协调、相互渗透，并使系统各个要素发挥最大效益。信息技术与课程整合，是将信息技术有机地融合在各学科教学过程中，使信息技术与学科课程结构、课程内容、课程资源以及课程实施等融为一体，成为与课程内容和课程实施高度和谐自然的有机部分，以便更好地完成课程目标，并提高学生的信息获取、分析、加工、交流、创新、利用的能力，培养学生的协作意识和能力，促使学生掌握在信息社会中的思维方法和解决问题的方法。

一、信息技术与课程整合的可喜变化

信息技术与课程整合，改变了传统的"黑板加粉笔"教学模式，在丰富学科知识、创设教学情境、优化学生认知、优化课堂教学结构等方面起到了积极的作用。

变化一：丰富学科知识，激发探索热情。

在各学科教学中，蕴含着大量的信息技术的因素，通过教师的开发和整合，不仅能够激发学生对信息技术的兴趣，增强学生的信息意识，而且能够大大拓宽学生的知识面，帮助学生加强对学科知识的理解、记忆和应用，如语文课展示课文背景、数学课把抽象的数理用动态展示、历史课展示历史事件、地理课展示各种地形地貌与各个地方的风土人情、政治课展示英雄人物的先进事迹与道德规范、生物课展示生命世界的万千形态等。

信息技术与课程整合，引发了学生对学科知识的学习热情，激发了学生的求知欲望，促使学生主动去探索未知。

变化二：创设教学情境，营造良好氛围。

在教学中，各门学科都有大量的形象的教学内容需要展示，以此来帮助学生更好地掌握学科知识，其中包括大量的图片、音频资料和视频资料，为各学科多媒体信息的呈现提供了极好的展示平台，使之成为学科教学或个别化教学必不可少的辅助手段。信息技术与课程整合，还有利于创设良好的课堂教学情境、生动活泼的教学内容、丰富多彩的课堂演示、扣人心弦的悬念，营造良好的教与学的氛围，激发学生学习的积极性、主动性，提高教与学的有效性，使学生在愉悦的情境下，以丰富的想象、牢固的记忆和灵活的思维获得学习的成功。

变化三：优化学生认知结构，掌握思维规律。

传统教学让学生走成功的捷径，不重视思维训练，以教师向学生的单向灌输代替学生的思维活动。信息技术与课程整合，改变了传统的教学观念和方法。现代课堂教学，不仅要在课堂上给学生提供展示聪明才智的机会，还要培养学生良好的思维方法，培养学生的创新思维和创新能力。利用Authorware、几何画板和PowerPoint软件，能够针对学科实际，制作出一些动态课件，不仅较好地表现了事物内在关系和变化规律，并且能以问题驱动的方式，启发学生的思维，引导学生更好地理解、掌握、发现规律，尝试解决问题的途径；能够有意识地通过多媒体技术从不同角度提出问题，引导学生用不同方法解决问题，发展学生的发散思维，不仅可以设置各个参数的动态变化，引导学生通过总结、分析，从而掌握事物发展变化的规律，还可以模拟事物变化的过程或展示自然界中的现象，引导学生学会观察、提出猜想、进行探索、合理论证、发现规律，如数学学科的几何学、函数关系等，物理学科的几何光学、热力学等，化学学科中模拟物质的化合、分解、中和、复分解等反应过程，都可以利用多媒体CAI（Computer Assisted Instvucting，计算机辅助教学）课件，较好地帮助学生理解记忆、发现规律，从而促进学生主动学习、积极思维，引发学生的创新意识。

变化四：优化课堂教学结构，启发学生主动参与。

教学的真正目的在于授之以"渔"，因此形成学生自我教育的动力机制和提高学生自主学习的能力，显得尤为重要。通过信息技术与课程整合，科学地设置学生活动的情境，让学生最大限度地活跃起来，积极主动地参与学习。通过猜一猜、试一试、想一想、做一做、议一议等方法，采用指导自学、独立练习、协作学习、网上学习等形式，使课堂教学结构发生质的变化。通过各种自学软件开展学习活动，既能有计划地、系统地安排学习过程，又能利用多媒体技术的超文本或超媒体功能有效地突破重点与难点问题，从而为学生自学起到导航、导法、导疑、导思的作用。

二、教师在课程整合中的认识误区

课程整合是当今世界各国课程发展的趋势之一。随着课程改革的深入，各科教材有了很大的变动，彻底改变了以往文科内容与理科相互割裂的局面，各学科相互渗透，相互融合，再加上信息技术的优化，边缘学科的产生和发展，更加注重通才教育，使学生具备文理科知识学习的基本能力。可在学科整合的过程中，许多的教师出现了错误的认识。下面以语文课为例，浅谈几点误区。

误区一："整合就是信息技术的运用"。

一位语文教师为上好公开课，运用了多媒体技术来增强效果，在课前的说课介绍时还强调自己这一课实现了信息技术与语文课程的整合。可笔者在听课时发现，他使用的多媒体技术只是简单地代替了小卡片、小黑板的功能，成为教学的一种装饰或点缀。这样的所谓整合当然毫无意义。信息技术与语文课程的整合旨在利用信息技术所提供的自主探索、多重交互合作学习、资源共享等学习环境，把学生的主动性、积极性充分调动起来，使学生的创新思维与实践能力在语文的学习过程中得到有效的锻炼和提高。华南师范大学教授李克东指出："整合是指在课程教学过程中把信息技术、信息资源、信息方法、人力资源和课程内容有机结合，共同完成课程教学任务的一种新型教学方式。"由此可见。信息技术与语文课程的整合不是简单地把各种信息技术手段叠加，而是要实现信息技术与语文教学的"融合"，否则就是"新瓶子装老酒"。

误区二："整合使语文变了味"。

许多教师在语文教学中，将语文课上成了信息技术课，结果是忙得不亦乐乎，但收效甚微，一堂课下来往往没有完成教学任务，于是便埋怨"整合使语文变了味"，认为语文教学应回归传统，认为现代信息技术对语文教学没有什么帮助。究其原因，是教师在舍本逐末中忽略了整合的目的——更好地凸显语文的特色和神韵，进一步加强对学生听、说、读、写、思的训练，营造开放的语文课堂，极大地调动学生的主动性、参与性、探索性。信息技术与语文课程的整合，并不是将语文课上成信息技术课，而是将信息技术融入课程教学系统各要素中，使之成为教师的教学工具、学生的认知工具、重要的教材形态、主要的教学媒体。

误区三："整合就是教学内容的大杂烩"。

由于语文教材在改革过程中，既进一步突出了语文学科的特点，又更加注重各门学科间的有效融合，在内容的安排上往往是你中有我，我中有你。这对教师提出了更高的要求，在教学中要求教师必须将信息技术整合在语文教学中，即信息技术的运用是为了能更好地解决教学中的重点和难点，给学生以多种感官的感受，使抽象的内容具体化，并让学生积极地参与到语文的学习中来，增强学习的互动性。所以，整合并不是"教学内容大杂烩"，而是根据教学的需要进行设计和安排。

课程改革过程中出现的这些问题并不是整合惹的祸，关键是教师怎样有效地去实现信息技术与语文课程无缝隙的融合。

课程改革顺应了时代发展的潮流和需要。以上变化和误区是教师在课程改革的探索、实践中出现的，作为推进课程改革的关键者、实施者的教

第三章 谈学论教

师，应发扬优点，摒弃错误的认识，以全体学生终身全面发展的长远目标来培养学生，实实在在地用"心"更新教育理念，以提高学生的综合能力为要旨，以更高的素质、满怀信心地迎接新课程带来的更大的发展空间。我们相信，在学科教师的精心设计下，课堂将会百花齐放，一定能培养出全面发展的学生。

小学语文教学中应重视人文素养的培养

语文是有着丰富人文内涵的课程，语文教学具有强烈的人文色彩。通过语文教学提升学生的人文素养时，要尊重学生的情感和个性，营造一种自由、平等、和谐的人文课堂氛围，让学生获得生动、和谐的发展。人文环境是浸透着人性和人情的文化环境，创设一个良好的人文环境是培养学生人文精神的基础。但人文环境又不局限于民主、平等的师生关系，还要将教材中蕴含的人文教育因素与和谐、融洽、欢快的人文心理氛围合理、有机、巧妙地进行整合，让学生"沉浸"其中，在人文素养的培育上要强化体验学习、重视以情施教、营造平等和谐的人文课堂，把学生内心最美好的东西激发出来，使学生的语言丰富起来，让课堂韵味十足。

《义务教育语文课程标准（2011年版）》明确指出："语文是最重要的交际工具，是人类文化的重要组成部分。工具性与人文性的统一，是语文课程的基本特点。"也就是说语文课程的性质就是工具性与人文性的统一。语文作为一门人文学科，在培养人文素养和弘扬人文精神方面有着义不容辞的责任和义务。现就我在语文教学中如何培养学生的人文素养谈几点浅薄的体会。

一、语文学科的人文性

考察语文的含义，它是"语言"与"文学"的结合体。不难理解，前者注重的是语言与技能，而后者体现的是语文学科的人文价值。由此反思传统视野中的语文教学，它是以传承性学习为基本特征的，关注的是学生对语言知识或表达技能的获得，而由此也恰恰忽视了语文学科的人文性。确切地说，目前的小学语文教学理念还普遍停留于工具性的层面，而过少地去考虑或研究语文教学"人文意义"的一面。语文课程是有着丰富的人文内涵的课程，语文教育具有强烈的人文色彩，因此，必须关注学生的人文素养的培养。人文素养提升包括陶冶学生人格和发展学生个性两方面。语文作为一门人文色彩浓厚的学科，在培养人文素养和弘扬人文精神方面有着义不容辞的责任。因此，我将研究的视野由原来"语文素养的培养提高""深入到对学生人文素养提升"的深度，以更高层次的追求和更宽广的视野来探索语文教学中三维目标的有效整合与落实，努力实现工具性与人文性的统一，从而在语文教学中提升学生的人文素养。

二、重视语感的培养

夏丏尊先生曾言："在语感锐敏的人心中，'赤'不但只解作红色，'夜'不但只解作昼的反义吧。见到'新绿'二字，就会想到春天的生机盎然，见了'落叶'二字，就会感到无常、寂寞等说不尽的诗味吧。真的生活在此，真的文学也在此。"多么精辟的论述，一语道破"语文"的内涵。培养学生语感的最佳办法莫过于一个字——"读"，"故书不厌百回读，熟读深思子自知"，多读是我国学习语文的传统经验，只有多读，才能有"较丰富的积累，形成良好的语感，只有多读，才能形成独立阅读的能力"。

（一）在读中品词学句

字、词、句是文章的细胞和血肉，一篇文章中不乏好词好句，我注重让学生边读边画出自己认为用得好的词句，使学生边读边品味好在哪里，体会"两句三年得，一吟双泪流"的境界及如何才能读好，等等。久而久之，学生养成了良好的阅读习惯。在读《日出》时，学生注意了大量拟人句、比喻句的阅读与学习，将日出的美景表达得淋漓尽致。《小英雄雨来》一课，在读到"千钧一发"这个词时，多数学生停下来想了一会儿，有的学生还在这个词的旁边写出"十万火急、迫在眉睫"等表示情况紧急的词语。这样，学生边读边品，由点到面，使语文教学扎实有序。

（二）在读中感悟文章丰富的人文内涵

《春酒》一课重在表现琦君浓浓的思乡思亲之情。我让学生反复诵读课文，利用多种形式的读，以读促讲。在学生读熟以后，组织讨论，使语文课堂教学起到事半功倍的效果。

三、营造平等和谐的人文课堂

语文是一门很感性的学科，许多时候需要一种感应，一种心灵上的沟通和交流，而这种交流特别需要一种其乐融融的心理环境。

（一）教师走下来

教师从神圣的三尺讲台上走下来，到学生中去，做学生的朋友，让学生卸下心理上的包袱，迸发出创造的潜能。

（二）教师退下来

教师从学生精神生命发展的主宰者的位置上退下来，改变自己无视学生人格、忽视学生个性差异的做法，容许学生自由活动，容许学生提问质疑，容许学生指出教师的错误，打破教师的"权威"，把学生精神生命发展的主动权还给学生。课改要求教师实现从知识灌输者到学习引导者，从课堂主导者到平等交流者，从单向传播者到互动合作者等角色的转换，这就意味着建立民主平等、互动和谐的师生关系已经成为新时代的必然趋势。在研究过程中，教师始终要明确一点——自己面对的是一个个具体的人，是一个个鲜活的生命。因此，在语文课堂的教学中教师应以学生为主体，尊重学生的个性，倾听学生的心声。

总之，小学语文教师要明确教学任务，挖掘教材中的生活因素，高度重视课程资源的开发和利用，创造性地开展各类活动，引导学生在实践中学习，从而培养学生良好的人文素养，弘扬人文精神。

数学教学改革的探讨

数学教学改革进行了多年，到现在仍然达不到素质教育的要求，这不能不引起数学教师的深思。当前我区推进教学改革的一项重要工作，就是深入实施"全区中小学课堂教学质量工程"。要搞好该项建设工程，笔者认为下述途径十分重要。

一、关注教师的教学观念转变

教师首先要明确自己在教学活动中的角色，要做"人师"，不做"经师"，要使自己成为学生全面发展的培养者、民主师生关系的建立者、学生学习过程的指导者、学生终身学习的奠基者，所以教师应具备现代教师观。其次是教师应深化对数学教学的理解，不能只简单地把数学当作思维训练的体操，而忽略数学的来源的经验性和实践性，使数学活动、动手操作等难以进入数学课堂。如果回溯数学发展史，那么就会发现不少数学成果都是结合实际动手发现的，如祖冲之就是通过在木板上用正方形割圆测量计算出圆周率的。因此，只有教师的教学观念发生变化后，"主体探究""合作学习""自主学习""动手操作"才能真正进入数学课堂，否则只能进行表面形式的改革。

二、改革课堂教学，让学生"会学"

要改革课堂教学中教师的教学方式和学生的学习方式，提高教学质量和效益。改变满堂灌注入式、搞题海战术的教学方式，倡导启发式教学。教师的主导作用要反映在教学的全过程，如精心设计导入，重视知识发生过程，注意安排好教学层次，精心挑选训练题，认真进行小结，注意信息反馈，重视教具的使用。

要科学地设计问题。教师发挥主导作用，关键在于"引"，这就离不开教师的设问，因而应该讲究设问的方式、方法。要尽量避免一问一答式的简单设问，设问的问题要有思考性，使学生有新鲜感，有利于激发学生的思维。设问要从学生实际情况出发，问题不能太大，不能使学生摸不着边际，无法回答，要问在"点子"上。设问的问题要表述清楚，不致使学生产生误会，设问后要给学生留有思考的余地，让学生思考后作出回答。另外，教师要设计较为详细的学生课堂活动方案，如观察、思考、操作、自学、分组讨论，板演、口答、检测等。注重教师和学生之间的交流、学生和学生之间的交流、学生和书本之间的交流。

教学中要充分发挥学生的主体作用。教师要敢于"放"，让学生动脑、动口、动手，主动积极地学，如课本让学生看，概念让学生抽象得出，思路让学生讲，疑难让学生议，规律让学生找，结论让学生得，错误让学生分析，小结让学生做。要鼓励学生发表自己的不同见解，鼓励敢于向教师质疑问难。加强变式训练，鼓励学生一题多解，积极引导学生进行探究性和创造性学习。真正为学生创设"学"的空间，让学生由"学会"变为"会学"。

三、应用计算机辅助教学

计算机在数学教学中的应用为数学教学的发展提供了新的机遇。计算机技术在改变我们教授数学的方法方面有着巨大的潜力，计算机技术在增进学生的运算能力及借助图像帮助学生理解新的概念或课程方面是有效的。计算机可以作为数学教学中合理的工具去解方程、解不等式和验证代数解法求得答案。同时，计算机也可以在问题、数学表达式、算法、代数式和几何表示（图）之间建立起广泛的联系。计算机甚至可以介绍课本中没有的，大家感兴趣的，这些变化必然要导致数学教学方法的改变，这样才能最有效地发挥计算机的作用。

总之，数学教学改革势在必行，要真正把改革落实到课堂教学中，落实到每个教师身上。

核心素养在小学数学中如何渗透

　　传统的小学数学教学已经无法满足现代化教学需求，对学生核心素养和成长益处不大，主要是因为传统的教学方式过于重视学生成绩，以至于在教学中一贯采用机械化满堂灌的教学模式，学生只能被动接受，这影响了学生核心素养的培养。所以，在素质教育的今天，教师要转变教学方法，利用科学的教学方式培养学生学科核心素养。本书将提出核心素养在小学教学中渗透的教学策略，旨在提高学生的综合能力。

一、利用多媒体技术培养学生的理解能力

　　对于小学生而言，数学学科学习起来有一定的难度，数学中很多内容过于抽象，学生理解起来较为困难。随着信息技术的不断发展，各种信息技术被广大教育者应用到教学领域中，通过利用多媒体技术开展数学教学，让学生对课本知识理解更加通透，从而提高学生的理解能力，满足学生核心素养的教学需要。经实践研究表明，利用多媒体技术展开教学，对提高学生学习能力有帮助，还能够提高教学效果。比如，在教学小学数学人教版《圆柱与圆锥》这一课知识时，利用多媒体技术帮助学生认识圆柱和圆锥，上网搜集关于圆柱与圆锥的图片，用多媒体进行展示，让学生认识圆柱的特征和圆柱各部分的名称，看懂圆柱的平面图，培养学生细致的观察能力以及空间想象能力。

二、加强师生互动，培养学生自主学习能力

传统的小学数学学生处于被动的学习状态，学生对学习没有热情，对很多知识无法深入理解，对很多知识都是一知半解，并且有的学生害羞，即使内心有疑惑也不敢向教师请教，这影响了教学效率。理解能力不强的学生难以跟上教师的讲课节奏，这类学生往往对数学学科有抵触心理，极易陷入恶性循环的状态，这阻碍了数学教学的发展。基于此，小学数学教学要加强师生之间的交流与互动，教师要摒弃传统教学的方法，采用多元化的教学模式和策略，引导学生自主学习。教师是学生学习的引导者与组织者，教师要辅助学生进行学习，着力培养学生的自主学习能力。这不但能够提高教学水平，还有利于学生学科核心素养的提升，从而使课堂教学达到良好的教学效果。在实际的教学中，教师要增加和学生的交流互动频率，营造热闹、活跃的教学氛围，让学生对数学问题进行自主探究，引导学生明白在遇到困惑时要积极和周围同学进行交流；积极采用小组合作学习模式，让学生自由讨论，提高学生学习的积极性，这对学生自主学习能力的培养有着巨大帮助；将课堂的主动权完全交给学生，让学生对数学学科产生较大的兴趣，有利于提高学生核心素养。所以，在教学中，教师要加强和学生的互动，增进师生情谊，做学生的良师益友，提高教学水平。

三、加强教学内容和实际生活的联系

数学源于生活，生活中很多知识都和数学知识息息相关，加强教学内容和生活的有效联系，将日常生活中学生熟悉又容易忽略的场景做成数学问题，让学生探究，有利于培养学生的学习能力，提高学生的知识应用能力，提高学生的数学理解能力。所以，教师在日常教学中融合生活元素展开教学，能够获得意想不到的效果。在教学时，根据小学课本教学内容联系生活实际，加强学生对数学知识的理解与应用，提高学生学科核心素养。比如，在教授人教版小学数学《图形的运动》这一课知识时，将生活

实际作为导入部分：同学们，大家都去过游乐场吗？大家都在游乐场玩过什么项目？学生介绍项目，有缆车、摩天轮、小火车、滑滑梯、飞机等，这些都是学生生活中常见的场景，其实里面蕴藏着很多的数学知识，可以之为课堂导入激发学生探究兴趣。在学习过程中，教师进行提问，生活中有很多图形都是轴对称图形，你能想到什么？让学生小组进行交流讨论，说出自己的看法，进行汇报。学生总结：五角星、乒乓球、飞机的图案等，通过生活化教学，将生活实例和教学有效渗透，让学生初步感知平移和旋转的现象，培养学生变化的数学思想，培养学生空间想象能力，提高学生核心素养。

四、总结

综上所述，在教学中培养学生学科核心素养是小学数学重要的教学目的，是课改的重要内容，是数学教师的责任与义务。所以，小学数学教师要结合教学内容选择多样化的教学策略，满足学生的学习需求，培养与提高学生的核心素养；通过利用信息技术，加强师生互动，联系生活实际，将核心素养有效渗透在小学数学教学中，帮助小学生更好地发展，使学生成为优秀的人才。

"互联网+教育" 在小学数学课堂中的运用

在"互联网+"背景下，小学数学课堂迎来了新的机遇与挑战。为了提高教学效果，教师要积极转变教学观念，不断创新教学方式，将多媒体设备应用到小学数学教学之中，通过图像、声音、视频等方式，让教学内容更加生动，将教学内容完整展示给学生，创设有趣的学习环境，让教学内容更加丰富、教学形式更加多样化，学生利用网络学习知识，提高自主学习能力，从而打造高质量小学数学课堂。

一、利用网络资源激发学生兴趣

互联网中有丰富的学习资源，包含文字、图片、音频、视频等，这些有趣的学习资源能让数学教学变得生机勃勃、充满活力。丰富多样的教学模式能够吸引学生课堂注意力，引发学生思考。单纯使用传统的教学方式，靠教师口头讲解或者黑板画图教学往往效率不高，无法帮助学生培养数学思维，建立空间观念。利用大量网络资源展示教学内容，让教学过程变得有趣、生动，可以让学生无形之中发现数学知识的规律。小学阶段的学生注意力不够集中，在上课时容易受外界因素影响，出现注意力不集中现象，这种现象在小学数学课堂中很普遍。为了提高教学效果，教师要利用有效的手段调动学生的学习兴趣。网络中有大量的教学资源以及各种生动的教学形式，能够吸引学生目光，一旦发现学生注意力分散时，则向学生展示有趣的教学资源，唤醒学生学习兴趣，吸引学生注意，让学生在寓教于乐的氛围中学习。

二、利用互联网帮助学生建立数学思维

数学学科能够锻炼学生的思维，对学生逻辑思维的养成有重要影响。小学阶段是学生数学思维形成的重要阶段，在教学中，教师要合理利用互联网帮助学生建立数学思维。在课堂中应用多媒体工具，为学生演示推导过程，注重培养学生学习能力，锻炼学生发散性思维与独立思考能力，在传授学生知识时要融入学生的思考。利用互联网资源提高学生认知时，教师要深入挖掘课本中的含义，让学生积极思考，使学生思维更加活跃。互联网上的教学资源生动，教学形式灵活，教师应用互联网教学资源引发学生思考，培养学生独立解决问题的能力，让学生在学习中喜欢动脑筋，主动进行学习。

三、引入微课教学，实现课堂翻转

在"互联网+"背景下，将微课应用到小学数学教学之中，利用微视频的方式实现课堂翻转。将微课引入教学之中，能够丰富学生的学习资源，提高学生的学习热情和学习效率。微课具有内容精简、操作简单的特点，微课的教学功能强大，能够辅助教学，节省教学时间，学生也学习得不亦乐乎；微课还能够彰显教学重难点，让学生轻松学习难点知识，学生在不懂时，能够自己调节进度，进行回看，满足了不同学生的学习需求，特别是对于学困生来讲，微课能够帮助他们有效突破对知识理解的瓶颈，提高学生的学习效率。比如，在教授小学人教版数学《分数的加法和减法》这一课知识时，教师根据教学内容，利用课下时间精心制作微课，将知识进行加工处理，形成精美的微课视频，让学生进行学习，实现课堂翻转。视频中为学生创建情境，让学生在情境中学习分数加减法，使学生体会数学就在自己身边，培养学生良好的推理能力。微课视频能够自主下载，还能够回放、定格、重复，学生一边看视频一边思考问题，大大提高

第三章 谈学论教

了学习效率。

四、利用互联网强化学生课后辅导

课后辅导是教学过程的一部分，它能够帮助学生熟练掌握知识，强化认知能力；特别是对于学困生来讲，课后辅导能够纠正他们错误的认知。利用互联网进行在线辅导，帮助学生解答自己在课堂中一知半解的知识，学生通过在线向教师提问，提高自己的理解能力。还可以建立微信群或者QQ群，以方便学生进行交流和讨论，激发学生的学习兴趣。

五、总结

在"互联网+"背景下，小学数学教师要顺应课改需求，紧跟时代潮流，将信息技术和现代化教学进行结合，为学生创建情境，引入微课，实现课程发展；利用信息技术，强化学生辅导，帮助学生建立数学思维，激发学生的学习兴趣。信息技术的应用让以往传统的数学课堂变得有趣起来，带给学生良好的视觉体验，学生因此爱上了数学，数学思维也得到了开拓，进而提升了综合能力。

和谐课堂是学生成长的乐园

和谐的课堂氛围，能促进学生智力的发展、知识的掌握和能力的提高。在和谐的课堂氛围中，学生的思维处于积极的状态，情绪是高涨的，思维是活跃的。作为一名小学教师，应该怎样为学生营造一个和谐的课堂呢？

一、用激情感染学生

语文是人文性与工具性的统一，如何体现语文的人文性，其基点在于情感。一位在课堂上面无表情的教师，是无法传递出课堂教学应具备的情感的，给孩子们情感体验更无从谈起。每节语文课，我都会在课前做好充分的准备，深刻挖掘文中的情感因素。每当站在讲台上时，我都会把情绪调整到最佳状态，然后把自己对课文的每分情感，每分理解，每分感悟，用语言、眼神、表情、动作等传递给学生，力求与学生实现情感共鸣。例如，在教学《荔枝》一文时，我先用声情并茂的语言介绍母亲对"我"的关心——总在我下班到家后及时给我端上一碗热腾腾的食物，总在冬天递上厚厚的棉衣，"我"感冒时她依然是一夜无眠。接着，我鼓励大家说说自己的妈妈。话题一开，同学们纷纷发言，让我意外的是一群十三四岁的小学生，谈起自己的母亲时语言竟如此饱含深情，虽朴实，却很有感染力。这一节课，学生学得很起劲，课文读得趣味盎然。

第三章

谈学论教

二、创设平等的交流平台

和谐的课堂是民主、交流的课堂，通过创设交流、合作的机会，用对话的形式实现"文本交流""师生交流""生生交流"。

（1）文本交流。引导学生与文章交流是语文课堂的重要内容。在教学中，我常启发学生"如果你遇到这种情况你会怎样做？""如果他来到你身边你会说什么？"甚至激励学生大胆联想，鼓励学生去改写故事结尾，或是按自己意愿去设计对话，组织情节。在交流中，给学生想象与再创造的机会。

（2）师生交流。新课程的教学理念要求教师必须是学生的学习伙伴，与学生交朋友，热情地为学生服务。如果我们还套上唯师的权威光环，以不可冒犯的姿态出现在课堂，那交流沟通便成了空话，教育改革将不会成功。

（3）生生交流。合作探究，是我们培养学生的一个重要目标。我们要在课堂上培养学生的合作精神与交际能力，为学生的相互合作创设机会，让学生在学习中感受集体的智慧，形成良好的学习习惯。

三、创设学生自由翱翔的天地

（一）让学生展现自己

和谐的课堂应该是学生自由发展的天地。强烈的表现欲望是孩子们的天性，我们整天面对的是天赋迥异的学生。所以，我们不能用成人的"规矩"去抑制学生创新的思维火花。在语文课堂上，松开手，放宽心，让学生自己去体验，去感受，去领悟吧！课上，我常用"小老师"的方式，给学生展示自己的机会，让学生用自己的方式，带领全班一起学习，一段时间后，我发现孩子们课前预习更积极了，课上的质疑问题也有独到之处、别具一格。例如，在学完《荔枝》一文时，有一位同学竟在讲台前问道："既然作者的话没说完，那文章为什么不用省略号呢？"这种学生发自心灵的声音，是我们教师最喜欢听到的。我们会为此骄傲，当学生的个性真正得以张扬，学会了展示自己的时候，你会发现我们的语文课堂是如此绚烂。

（二）授之以"渔"，引领学生去读书

要让学生形成良好的语文素养，只凭语文课的阅读量是不够的。和谐课堂还应该给学生以科学的学习方法，引领学生去大量阅读和反复实践，只有在反复实践中，学生的能力才能得以巩固和提高。我常引导学生阅读各种课外读物，如童话、寓言、故事书等，指导学生做好读书笔记，并与学生共同领略文义的精妙之处，把游戏与比赛贯穿其中，全面提高学生的语文素养。如果我们让学生把生活中看到、听到、想到的用语言文字梳理表达出来，或是加上自己的见解，那么语文课堂定会增色不少。我常在班里举行"我有话说"的口语交际活动，让同学们记录下生活中的见闻。一年下来，同学们不但养成了仔细观察的好习惯，更培养了学生关心他人，关注社会的好品德。

总之，课堂的一切都应为了学生的发展，让每个学生都能在课堂上有所提高。教师要鼓励和帮助学生不断向成功迈步，让学生找到不断学习、不断尝试、不断开拓的原动力，并时刻体验学习的乐趣。这样，我们的语文课堂才会真正多姿多彩，才真正可以谓之和谐。

第三章 谈学论教

小学中高年级数学教学中学讲稿的设计与运用

学讲稿是小学数学合作学习课堂教学中的辅助工具，是指导学生预习的学案。它通常是为完成一次有效的自主学习，达到特定课堂的学习目标而制定的。

一、小学中高年级教学中设计学讲稿的背景

《义务教育数学课程标准（2011年版）》中提出："数学教学活动要求在教学过程中以小组活动为基础，以学生探究为主，把互动式、多样化、个性化的学习融合在一起，以活动化的教学形式发挥学生的自主性、能动性和创造性。"为响应海原县教体局"深化教学改革，打造高效课堂"的要求，银川市金凤区三小与我校进行了结对帮扶，借此契机我校引进了"231"高效教学模式中学讲稿的课前设计，其核心理念就是在课堂中利用学讲稿小对子或小组自主合作学习。在海原县第一小学的实验推广中，我们发现学讲稿不但能提高学生的学习兴趣，而且能提高学生的表达能力和自主学习能力。由于我校是县城学校，处于城乡接合部，生源的70%来自农村，课前预习往往落实不到位，影响课堂合作学习，所以我们于课前设计了学讲稿，为学习新课提供有力的保障。

二、认真研读教材内容，合理设计学讲稿

课堂教学应该"用教材"教，不是简单地"教教材"，所以在教材安排的教学内容背后，隐藏了很多知识。因此，教师要想很好地完成教学，就必须认真研读教材，弄清楚显性的知识有哪些，隐性的知识又有哪些，以及附着在知识背后的学科思想是什么。只有弄明白这些，才能系统地思考教学，设计一份有效的学讲稿。课前通过有效预习，课堂中合作才有效，甚至达到高效，才能进一步提升学生的探究意识、合作意识和自主学习能力，为学生的后期学习打下坚实的基础，从而提高教学质量。下面以"圆的周长"教学中的一份学讲稿为例进行分析与阐述。

"圆的周长"学讲稿

【教学内容】

人教版数学教材六年级上册第60～62页的内容及练习十四1～4题。

【教学目标】

使学生直观认识圆的周长，知道圆的周长的含义，进行对圆周长的测量方法和圆周率的探索、圆的周长计算公式的推导等教学活动。

通过摸一摸、动手操作、猜想验证等方法使学生亲历整个探寻知识的过程，从而掌握圆周长计算公式的由来和相关知识。

通过介绍我国古代数学家祖冲之在圆周率方面的伟大成就，对学生进行爱国主义教育，激发民族自豪感，培养学生的创新精神以及团结合作精神。

（一）前置测评

1. 判断题。

（1）在同一个圆内可以画1000条直径。（　　　）

（2）所有的圆的半径都相等。（　　　）

（3）等圆的直径都相等。（　　　）

（4）两端都在圆上的线段叫作直径。（　　　）

第三章　谈学论教

2. 选择题。

（1）画圆时，圆规两脚间的距离是（　　　）。

A. 半径长度　　　　B.直径长度

（2）从圆心到（　　　）任意一点的线段，叫半径。

A. 圆心　　　　　　B. 圆外　　　　　C. 圆上

（3）通过圆心并且两端都在圆上的（　　　）叫直径。

A. 直径　　　　　　B. 线段　　　　　C. 射线

（二）预习新课

1. 通过预习你知道什么叫圆的周长吗？

（　　　　　　　　　　　　　　　　　　　　　　）。

2. 通过预习你知道测量圆的方法有（　　　　）；（　　　　）。

3. 实验操作

物品名称	周长	直径	周长与直径的比值（得数保留两位小数）
1元硬币			
半径4cm的圆			
直径6cm的瓶盖			

小结：通过动手操作你发现了什么：

（三）巩固练习

1. 求下面各圆的周长。（只列式不计算）

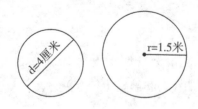

2. 判断辨析。

（1）π =3.14。（　　　）

（2）只要知道圆的直径或者半径，就可以知道圆的周长。（　　　）

（3）大圆的圆周率比小圆的圆周率大。（　　　）

3. 实践计算。

汽车轮胎的半径是0.3米，它滚动1圈前进多少米？滚动1000圈前进多少米？

"圆的周长"这节课运用"231"高效教学模式中学讲稿的辅助，引导学生探讨了圆的周长的测量方法，在教学设计上，力图转变传统的教学方式和学习方式，变知识的接受过程为科学探究的过程，发现圆的周长和直径的比值是一个固定的数——圆周率。

三、把握学生学情，恰当运用学讲稿

了解学生是充分预习的前提，学生的基础决定预习效果，教师研读教材的成果，是通过一份学讲稿下发给学生的，如果不考虑学生的现实基础，下发的这份学讲稿就有可能偏难或者过于简单，不能有效达到预习效果。不同基础的学生理解新知的能力不同，不同班级的学生的教学起点也会不同，不同教师给学生形成的学习风格和基础更加不同。因此，设计学讲稿前，一定要充分了解学生，根据不同的学生基础在使用和设计学讲稿上灵活对待。通过认真分析本班学生学情，继续以"圆的周长"学讲稿为例，通过课前学讲稿的自主学习，在课堂汇报前，让学生回顾学讲稿中的有效问题，圆的直径与什么有关？与周长有没有关系？是否有倍数关系？成几倍的关系？学生经历这样几个问题的思考，最后聚焦到成几倍的关系的问题，先让学生说，结果是谁除以谁得来的（横向观察落实），再说出各组的发现。跟学生这样要求，并让学生面向全体同学进行汇报（落实各小组或各对子之间的比较），所以学生在汇报的时候，要想得出上面的结果，必须分步骤进行，在预设的基础上做到收和放。

第三章 谈学论教

A组1元硬币、半径4厘米的圆、直径6厘米的瓶盖这一组数据来发现结论，如果只靠学生自己，很难完成，但是有了学讲稿，通过对子的合作学习，一人测量，一人在记录表上做好记录并计算。请小组内同学汇报实验的有关数据，观察我们实验的数据，你发现了什么？（3倍多一些？）谁是谁的3倍多一些？（周长是直径的3倍多一些。）就比较容易达到目标。课堂学讲稿的运用，关注了学生的多元发展，展示出了正确的结论；同意他们的结论吗？你们有什么要补充的吗？B组汇报收上来展示数据，不同意，因为有一个数值在2点多；C组展示数据，因为有一个数值在1点多；同意他们的结论吗？你有什么想说的？引向辩论。如果学生看不出问题，就结合黑板上的圆，加上另外小对子或小组在老师引导下，运用滚动法和绕绳法，引出测量错误的直观证明。经过计算和比较，我们此刻关于圆的周长除以直径，商是几有结论了吗？把学生引向活动反思，消除测量误差，引出证明，π介于3倍和4倍之间。所以他们的结论是3倍左右？追问3倍左右是什么意思？同意他们的结论吗？你有什么想说的？引向辩论比如圆的周长除以直径，商等于3点儿多，也就是3倍，学生会补充不管是大圆还是小圆，圆的周长除以直径，商等于3点多。

这样的收与放，根据本班学生的学情制订切实可行的学讲稿，学生通过课前预习就会对本节课有了一定的基础，课堂中再通过小组或小对子的自主探究进一步发现知识的根本，再通过学讲稿的巩固与拓展，不但使学生真正掌握了本节课所学的内容，而且更多地挖掘了课本的新元素，让知识得到了升华与内化。

总之，只要我们用心制订合理的学讲稿，就一定能够实现高效的课堂。

怎样让学生喜欢上写作文

怎样才能让学生喜欢上写作文？这是长期困扰语文教师的老大难问题。那么如何让学生写作文不再那么困难，并且喜欢上写作呢？我结合自己的实际教学谈一些个人的看法。

一、指导学生仔细观察

学生怕写作文，主要原因是提起笔却无话可说。其实，大家都知道，学生觉得没什么可写，是因为他们不注意观察，不留心身边的事物，缺少生活积累。

首先，要在教学中培养学生留心观察身边事物的习惯。这项工作要持之以恒，常抓不懈。不妨这样做：每天课前五分钟留给学生，开展"今日发现"和"小小新闻发布会"活动，从同学们的汇报中你会发现有许多有价值的、新鲜的东西，而这些东西是课堂上怎么也不会有的。例如，我校门前刚设置了黄色和绿色的垃圾桶，同学们马上就发现，绿色的垃圾桶是用来投放可回收垃圾的，而黄色垃圾桶是用来投放不可回收垃圾的。这就为学生的言之有物提供了素材。

其次，指导学生学会观察。如果对学生的观察不加指导，他们可能看到的就只是事物的表象，不会把感觉、知觉、思维三者有机结合起来，所以对学生的观察教师要作一定的指导，引导学生在观察的过程中要充分调动感官，抓住事物的特征，从而写出内容具体、形象生动的文章来。一次，我给学生布置了写校园一角——花园的写作作业。我只是要求学生去观察，没做具体指导，结果大多数同学写出来的作文都不尽如人意，只是概括写花园里面有什么花，是什么样子的，几乎千篇一律，读起来索然无味。针对这种情况，我带领学生再次观察花园并做了具体指导。快走近花园时，花香扑鼻，我立即提醒：同学们，闻闻。孩子们听了都深深吸了一口气，有的说：好香啊！沁人心脾！有的说：淡淡的，甜甜的，像妈妈前几天买的香水味，还像大姑擦的粉。我立即诱导孩子们充分发挥想象，孩子们也七嘴八舌地谈着自己的感受，并不时贪婪地闻着花香。到了花园边，我问孩子们看到了什么。孩子们众说纷纭，月季、菊花，有的说看到了杨柳和冬青，还有的说看到了蝴蝶和蜜蜂。就这样，我指导学生观察整个花园，最后让他们把自己观察到的写下来，通过启发诱导，同学们写出的文章大不一样，有许多同学写出的文章具体、生动且富有真情实感。

二、鼓励学生写真情实感

真情实感是小学生作文的生命和灵魂。但在作文批改过程中，我们常常发现学生有抄作文的现象。当教师布置一篇作文时，学生不是从自己的生活经历中选材，常有同学胡编乱造，把别人做的事移植到自己身上写进文章。这样的作文方式，怎么能培养学生的创造思维能力，又怎能让学生形成良好的品质呢？其实"造假"也着实为难了学生，要"撒"一篇几百字的大谎，言不由衷，"为赋新词强说愁"，其咬笔揉纸的艰难可想而知。所以，在教学中应十分重视引导学生真实地观察生活，表达自己的真情实感。

我在教学中坚持鼓励学生"用我手写我心"，让轮流日记成为他们展示自我，表达情感的平台。有一位同学在轮流日记中这样写到：

我紧紧攥着那三百多元钱，生怕我一不留神，它就会不翼而飞，至于上课老师讲的什么，我连一个字都没听进去。下课了，我也不敢离开座位半步，把攥着钱的手放在抽屉的最里边。有同学喊了我一声，吓了我一大跳，拿钱的手攥得越发紧了。他叫我出去玩，我竟感觉他不怀好意，是想趁我出去偷走这些钱，于是冷冷地说了声："我不舒服。"等他走远了，我看四下无人，把钱拿出来，才发现钱已经被汗浸湿了。

从此以后，轮流日记中出现像这样表达细腻而又真实的文章屡见不鲜。

三、指导学生完成好小练笔

写整篇作文需要布局谋篇，学生写起来相对困难，但课文后面的小练笔学生写起来就容易得多了，因为写这些小练笔时学生无须考虑写整篇文章所有的要求，且例文本身给了孩子很好的示范和引领。加之学生喜欢模仿且善于模仿，所以在教学中应充分利用这一点，把文章的一些表达方式和写作方法渗透到教学当中指导学生写好小练笔。例如，在教授《人物描写一组》课文时，我在教学中重点引导学生感受文章中人物的性格特点，然后引导学生讨论，文中的人物为什么会给我们留下如此深刻的印象。同学们总结说：作者抓住了人物的动作、神态、语言等特点，进行了细致的描写；通过典型的事例来塑造人物形象。我称赞同学们真会学习。然后因势利导：那么我们也来学习、运用本文的写作方法，仔细观察一个人，注意抓住人物的特点。结果小练笔交上来，竟有80%的同学学习运用了例文的写作方法把片段写得十分精彩，把要写的人物特点抓得相当准，描写得十分传神。例如，有位同学写弟弟的睡相时这样写到：

过年了，大家都要熬夜，唯有弟弟睡觉了。他躺在小床上，缩成一团，头放在一只胳膊上，眼睛半睁半闭，嘴张着，口水不停地流淌下来。小肚子随着呼吸的节奏有规律地一起一伏。过了一会儿，又伸了个懒腰，我还以为他醒了，结果他翻了个身又睡着了。他叉开两条腿，把被子蹬到一边，两只手重叠起来放在左边，头夹在双臂之间，活像个"7"字。鼻子冒着气，不时吹起一个个"小泡泡"，然后挑挑眉，咂咂嘴，继续他的美梦。

还有一位同学这样写他的同伴不爱劳动：

一次，轮到我和他打扫卫生，我让他快点去打扫，他却像个没事人似的，神态自若，依旧趴在桌子上玩计算器。在我声声催促下，他不耐烦地站起来，两条腿像灌了铅，慢慢挪到卫生角，提起"千斤重"的扫帚，一脸的不愿意，眉毛拧成疙瘩，鼻子不时抽动着。

试想下如果没有范文，如果不安排这样的小练笔，我们能看到这么精彩的描写吗？所以我们在教学中要充分利用好小练笔这个练兵场。

四、让学生体验到成功的快乐

有的同学怕写作文，甚至对作文有恐惧感，所以在作文教学中，要因材施教，对于不同的学生，要提出不同的习作要求。教师要善于鼓励学生，要用放大镜看待学生习作中的闪光点和点滴进步。尤其是对写作文有困难的学生，只要发现他们一点点的闪光点，我们就应该及时地肯定和赞扬，哪怕这些闪光点仅仅是一个好词，一个优美的句子，一个精彩的片段。

凡事贵在坚持，如果我们坚持这样做，学生写作文时就会主动卸下思想包袱，轻装上阵，就会由"怕写作文"变成"爱写作文"，真正把写作文当作表达交谈的需要，当作生活的需要。

创设生活情趣　提升学生"食欲"

——"分类"教学案例与反思

"分类"是数学中的新知识，无论对学生还是教师来说，都是一个新的学习过程。笔者在组织教学中力图让学生带着浓厚的兴趣主动感受分类的含义，从而学会正确分类。

片段一：

教师准备两个简易柜架，在上面分别摆上学习用品、玩具等，品种尽量多些，但两柜架上的物品一样，不同之处在于1号柜架上按类摆放整齐，2号柜架摆得杂乱无章。

师：小朋友们，今天有两位同学把数学本忘记带了，我想请几组同学上台分别在这两个柜架里找，看谁找得快。（学生踊跃举手）

请三组学生找，结果在杂乱无章的柜架里找的学生速度都较慢。

师：刚才请了三组同学来找，为什么在2号的柜架上找的同学速度都慢？

生1：2号柜架的东西乱七八糟，没有顺序，所以找起来慢。

生2：1号柜架的东西摆得整齐，所以找起来快。

师：怎样才能把1号柜架的东西放得整齐？这中间一定有什么窍门，同学们想学习吗？今天我们一起来研究。哪一组同学愿意上台来把2号柜架上的东西摆好？（让三个组分别去摆，边摆边说，合作完成）

生：作业本放在一起，书放在一起，玩具放在一起。

师：刚才老师让三组同学分别来摆2号柜架上的东西，他们都按类把东西放在了一起，柜子变得整齐，找东西时也容易找到，同学们今天以后也要向这三组同学学习，一定要把自己的物品按类摆整齐，老师为这三组分别奖一面红旗。（学生鼓掌）

反思：课程标准提倡教师创造性地利用教材而不是拘泥于教材进行教学。教材仅仅是一个固定的载体，而知识是开放的、是活跃的。于是教师针对一年级学生"好奇、好问、好动、好表现"的特点，在学生已有的生活经验基础上，形成数学问题，并且在动手实践之时发现问题，让学生都想办法整理柜子解决问题，并且教育学生平时家里要整理好自己的书屋，起到了双重教育。在这样一个生动愉悦的教学中，学生领悟分类的含义是水到渠成的事情。

片段二：

教师给每个小组准备好一个学具袋，里面有各式各样的物品图片。

师：大家乐商店运进很多商品，请你来当一回售货员，负责分类，将商品一层一层放在"货架"上。

各个小组齐动手，将学具袋里的图片倒出分类摆好后贴在纸货架上。

师：各小组派一名代表将你们的"货架"展示出来，贴在黑板上。

黑板上有10个小组的货架，见下表。

饼干	上衣	电视	洗发水	铅笔	围巾	洗衣机	香皂	练习本	可乐
酸奶	裤子	冰箱	肥皂	墨水	裙子	微波炉	牙膏	毛笔	糖果
果冻	帽子	空调	洗衣粉	橡皮	大衣	影碟机	牙刷	文具盒	巧克力
①	②	③	④	⑤	⑥	⑦	⑧	⑨	⑩

（注：每一层货架上都有若干数量）

师：你们这些"售货员"做得非常好。我还想选几名"经理"把这么多货架搬进商店各楼层。（继续分类）

出示挂图：

学生十分踊跃，要将10个货架放进各楼层，可是超市只有5层。

生1：将10个货架随意从一楼摆到五楼，并逐步调整为每楼放两个。

师：这个小朋友的楼层布置得合理吗？

学生愣了一下，教师赶紧又问，这样放好不好？

生2：不好，我在一楼买了饼干还想买巧克力，那还要爬上五楼多累呀。

师：请你来调整一下。

生：把货架⑩和货架②对调了位置，不少学生又发现了问题：在二楼买了牙刷，再买文具盒还要上四楼；在二楼买了肥皂，再买糖果还要上五楼。教师让发现问题的学生上来调整布局。经调整后如下：

服装类

家用电器类

文具类

日常用品类

副食类

师：你们真了不起，祝贺你们当上各楼层"经理"！

师：我还想请大家试着给各楼层"起名字"。

各小组讨论后自由发言，能给哪一层起名就起哪一层的名字。最后经过大家共同动脑及教师归纳整顿，各楼层名字确定下来：一楼副食类、二楼日常用品类、三楼文具类、四楼家用电器类、五楼服装类。

反思：在本节课中，教师只是整个教学过程的组织者，更多的是为学生提供材料，引导学生通过动手实践，结合已有的生活经验，自主探索出分类的标准，给学生提供了一个展示自我、动手实践的平台并鼓励学生大胆尝试。正是在这个平台上，学生感受到分类结果在不同标准下的多样性，感受到同类物体在不同标准下的分类所产生的不同意义和作用。教师充分抓住学生"好动"特点。在不停地分一分、摆一摆、说一说的过程中，培养了学生的观察能力、判断能力。在活动中，学生的操作能力、合作意识就随之体现出来，真正成为学习的主人。最后让学生试着给各楼层命名，即让学生自己提出分类依据，目的在于培养学生的语言表达能力和归纳能力。

以上两个案例，贴近生活容易操作，能使学生真正动起来，思维活跃起来。开放式的教学让学生在"玩"中学知识，在"悟"中明方法，在"操作"中自主探究，在"合作"中实践。学生学得生动，学得轻松，感受到了学习的快乐。

第四章

教学实践

用数学的眼光发现问题、解决问题

——《平行四边形的认识》案例

　　宁夏回族自治区党委办公厅、政府办公厅发布《关于实施基础教育质量提升行动的意见》《关于深化教育教学改革全面提高义务教育质量的实施意见》等文件，为全面落实立德树人根本任务，深化教育教学改革，全面提高义务教育质量，提出了优化教学方式，分学科制定课堂教学基本要求，注重启发式、互动式、探究式、情景式教学，开展研究型、项目化、合作式学习，引导学生自主学习、主动思考、自主探究，培养学生动手实践和解决问题的能力。

　　通过学校"231"教学模式的多年实践，在教学本课内容时，我引导学生动手操作活动，让学生经历了动手操作和自主探究的全过程，使学生了解并掌握了平行四边形的特征以及平行四边形的底和高，为利用相关图形来求出面积和解决实际问题做了很好的铺垫，从而培养了学生的观察分析能力、归纳和解释能力。

　　《平行四边形的认识》一课的内容是在学生直观认识了平行四边形，初步掌握了长方形和正方形的特征，认识了垂直与平行的基础上进行教学的。学好这一部分内容，有利于提高学生的动手能力，增强学生的创新意识，而且进一步发展了学生对空间与图形的兴趣。因此，本节课在小学数学中起着至关重要的作用。由于本班学生的基础不是很扎实，特别是空间观念的发展亟待提高，本节课就从边和角两个角度引导学生对平行四边形进行认识。

一、活动主题

《平行四边形的认识》借助教学助手和云校家线上平台，引导学生用数学的眼光发现生活中的平行四边形并学习相关问题的解决策略。

指导老师：冯艳萍　　所属学科：数学

指导对象：四年级　　活动学时：1课时

二、活动背景

教育改革是未来教育发展的趋势，而适合农村教育的教育模式尚在探索中，在设计课程的时候考虑到学生在进行学习前已经具备了相关知识、能力、态度等重要因素，教师在教学中要尽可能从学生的生活经验和已有知识出发，以学生有所体验和容易理解的现实问题为素材，让学生在熟悉的事物和具体情境中展开学习，在小组展示环节中，教学助手展台非常好地把小组验证结果展现给所有学生，创造让学生"猜、验、讲"的活动，使学生真正体验成功的喜悦。本次活动主题是人教版小学四年级上册第四单元的《平行四边形的认识》。

三、活动目标

（1）概念目标：结合生活实际认识平行四边形，掌握平行四边形的特征，认识平行四边形的底和高，培养学生抽象、概括的能力，渗透对应的数学思想。

（2）探究目标：使学生经历动手操作和自主探究的过程，充分感受平行四边形的本质特征。

（3）态度目标：激发学生的学习兴趣，培养积极探索的精神，进一步感受到数学的价值。

四、活动对象

四年级（8）班学生。

五、活动理念

"尊重、融合、创新"是创新教育的课程理念，即课程设计符合学生发展规律，注重培养学生内在素养；学生潜能在课程中能够得以发展，甚至使课程成为学生与别人交往和分享的空间。基于此，我们尝试积极探究性教学和个性化学习的教学方法。

六、活动主题分析

第一部分：从生活的具体实物或图形中识别出平行四边形。第二部分：自主探究平行四边形的对边、对角有什么特征以及它的意义。第三部分：探寻平行四边形在生活中的具体运用。第四部分：平行四边形的设计。

七、活动者特征分析

四年级是培养学生学习能力、情绪能力、意志能力和学习习惯的最佳时期。处于这一时期的学生，从被动的学习主体向主动的学习主体转变，思维开始从模仿向半独立和独立转变。培养思维的独立性和发散性在四年级尤为重要，所以四年级是培养学生创造性的关键期。

八、活动环境、工具及资源准备

（1）学校环境：多媒体录播室。

（2）工具准备：三角尺、量角器、方格纸、两个完全相同的平行四边形。

（3）资源准备：活动学案、PPT、学讲稿。

九、活动过程

（一）活动铺垫

在"教学助手"平台上，利用"课前导学"模块给同学们布置了活动前任务，教师提前通过云校家上传《平行四边形的认识》的学讲稿，学生预习后并拍照上传到"云校家"平台，为课堂的活动展开奠定了良好的基础。

（二）活动中合作、自主探究

（1）正式活动前，我先准备好本节课的活动用具，并将学讲稿通过网络传给学生，学生通过下发的学习资源能够清楚地了解到本节课应该掌握的学习内容。

活动意图：学生在活动前积极地利用学讲稿完成预习；以回帖方式完成作业，全班同学和老师之间可以实现隔空互评，同时给予学生足够的时间和空间，在宽松的环境下有助于激发学生的创造性，培养学生的发散性思维。学生通过找生活中的平行四边形是教师后续指导活动的重要资料，学生生成性资源的利用是教师教学活动中非常重要的一部分。

（2）活动任务1：

①回想一下以前学习的图形，回顾长方形和正方形的特征。

②长方形和正方形的共同特征是什么？

③根据这些图形，能提出什么数学问题？学生提出的问题可能有：

A.什么是平行四边形？

B.平行四边形有什么特征？

④揭示活动主题：平行四边形的认识。

活动意图：回想以前学过或见过的图形，复习长方形和正方形的特征，初步了解要研究的问题，达到回顾旧知、引出新知的良好效果，更重要的是在这个过程中学生体会到先进的思维方式——迁移。

（3）活动任务2：

① 回顾、引领。

② 猜测平行四边形的边和角的特征。

③ 猜想验证。

A.活动要求：

以我们海原县第一小学"231"高效教学模式为基础，利用教师提前下发的学讲稿和准备好的学具以"两人一组"为小对子先猜测后验证。

根据要求小对子做好分工，在录播室的"展台"进行演示和分享成果。

B.小对子活动，教师对有困难的小对子进行指导。了解掌握小组验证情况。

活动意图：通过学生大胆猜想，再让学生通过小组验证来证实自己猜想是否正确，加深学生的印象，运用"展台""移动讲台"进行演示活动，提高了学生学习效果的实效性。

（4）活动任务3：

① 自主探究边的特征。

平行四边形的边有什么特征呢？

A.对边相等，对边互相平行。

B.你的猜测是怎样验证的？（小对子展示各种验证方法）

C.活动小结。梳理平行四边形"边"的特征和验证方法。

② 自主探究角的特征。

平行四边形的角有何特征？哪组小对子汇报一下？（小对子展示各种验证方法）

③ 归纳概括平行四边形的特征。

④ 理解平行四边形的意义。

活动意图：本环节的教学比较开放，放手让学生自己去验证探究平行四边形的特点是什么，让学生充分动手操作、自主探究，在有效合作交流的时间和空间活动中，教师适时地给予点拨，以便于学生的总结和概括，而运用"展台""移动讲台"进行演示可以更直观地看到学生对知识的掌握程度。

自学平行四边形的高，注意高所对应的底。

（三）活动巩固、培养美感

活动任务：

（1）判断一个图形是否为平行四边形；了解学生当堂知识的掌握程度。

（2）判断平行四边形的特征和一些概念。

（3）判断平行四边形的高。

活动意图：学生经过本节课的活动已经掌握了平行四边形的特征和概念，在检验学生的学习情况的过程中，课堂检测是非常重要的途径。教师应及时检测学生的学习成果，从而多元化地给予学生合适的评价。

十、活动的效果及示范价值

（1）《平行四边形的认识》是融教育和实践于一体的创新型教学。整个活动以观察猜测、实践验证为主，打破了以往授课活动的固定模式，让学生基于现实的观察获取知识、探究问题，引发思考，故而很好地培养了学生素养，让学生自主学习和合作学习。在对平行四边形的特征、认识和高的活动中，我们利用已学知识，进行融合、凝练，极大地发挥了学生的创造力。

（2）在整节活动课的设计中，我注重将"互联网+教育"赋能数学课堂，以促进数课堂的高效，如我运用"教学助手""云校家"等平台，为师生的学习创设了便携与直观。在活动伊始时，创设问题情境，让学生回顾以前学习或者接触过的图形，既复习了旧知识，又很自然地过渡到新知识，使学生用数学的眼光发现了数学知识的内在联系。在探索阶段，教会学生用数学的思维大胆地猜想，才会有伟大的发现。教学平台工具非常好地把小对子验证结果展现给所有学生，让学生当小老师来讲本组是怎么验证的，创设让学生"猜、验、讲"的活动，课堂上学生始终处于兴奋状态。反思整个教学活动过程，我认为教学的益处在于有效地引导了学生在活动中享受到学习的乐趣，体验到合作、交流的成功，从而大大提高了数学学习和数学思想渗透的效果。本节活动课我努力体现现代信息技术与数学学科的整合，通过网络环境下的教与学，力争实现教师的教学方式和学生的学习活动方式的改善，使学生不但发现了问题，而且还完美地解决了问题。

（3）大胆创新融合教育，培养了学生积极探索的精神，本节活动课的教学思想和教学理念得到了同事以及同行的共享，作为一拖二的"专题课堂"，"关庄学区""七营学区"得到了新理念的渗透和转变，在乡村和县城得到了大力推广，效果良好。

构建"五育"融合课堂的教学案例与策略

"五育"融合是落地"双减"政策和促进学生核心素养发展的重要举措。学校已将课程与教学作为"五育"融合日常化的基本路径，让"五育"融合进学科、进课程、进教学。"五育"融合在小学数学课程中如何落实，怎样在小学数学课堂借助"五育"渗透，不断提升学生的数学综合素养，成为小学数学教师亟待解决的问题。下面笔者将从课堂实践中以案例举证的形式谈谈"五育"融合的策略。

一、在创设情景中悟"德"

课程标准把德育教育放在十分重要的地位，在小学数学教材中，思想教育在大部分内容中并不占明显地位，这就需要教师认真钻研教材，充分发掘教材中潜在的德育因素，把德育教育贯穿于对知识的分析中。我们可以根据教材内容和生动形象的插图，把数学内容创设成小情境，让学生在辩论中知书达礼，在讲数学故事中体会人物的高尚品德，在教法上将德育润物无声。在课堂教学中渗透爱祖国、尊老爱幼等德育内容，对学生进行社会主义核心价值观的教育。例如，在二年级教学《认识平均数、平均分》一课时，我创设了这样一个情景：一个家庭中两个孩子好还是一个孩子好？小朋友们开启了现场正反方辩论会，接着我顺势而导，提出这样一个问题：如果你有8个苹果，你和你的爸爸、妈妈、姐姐分，你准备怎样分？

生1：爸爸1个，妈妈1个，姐姐1个，我5个。

师：你把8个苹果分成了1个、1个、1个和5个，你为什么要这样分呢？

生1：因为我年龄最小，姐姐比我大，爸爸妈妈肯定照顾我，所以给我多分。

师：还有不同的方法吗？

生2：我准备分给爸爸2个，妈妈2个，姐姐2个、我自己2个。

师：哦，你是把8个苹果分成2个、2个、2个和2个，你为什么这样分呢？

生2：我、爸爸、妈妈、姐姐每人都是2个，这样就一样多了，谁也不吃亏。

师：还有不同的分法吗？

生3：我准备给爸爸3个，妈妈3个，姐姐1个，自己留1个。

师：他把8个苹果分成了3个、3个、1个和1个，你为什么要这样分呢？

生3：因为爸爸妈妈每天工作都很辛苦，所以我们做儿女的要多给他们。

老师：你真是一个孝顺父母的好孩子。

又如，在小学高年级教学多位数的读法的时候，可以列出我国改革开放以来的一些数据让学生进行练习，这样一来学生不但学会了读数，而且能从中体会到我们国家取得的辉煌成就。在教学圆周率时，可以介绍祖冲之是世界上第一个把圆周率的值的计算精确到小数点后6位小数的人，并讲述了祖冲之在追求数学道路上的感人故事。这样既可以培养学生的民族自豪感、自尊心和自信心，从而将这些情感转化为为祖国建设事业而刻苦学习的责任感和自觉性，也可以培养学生不畏艰难、艰苦奋斗、刻苦钻研的献身精神。这样的例子在数学中还有很多，只要教师充分挖掘教材，就可以找到德育教育的素材。同时，教师在教学方法上也可以采取灵活多样的教学方法潜移默化地对学生进行德育教育，如合作性学习、研究性学习等。拿小组合作学习法来说，应让学生懂得一个理念：学生一起学习，既要为别人的学习负责，又要为自己的学习负责，学生应在既有利于自己又有利于他人前提下进行学习。在这种情景中，学生会意识到个人目标与小组目标之间是相互依存、相互依赖的关系，只有在小组其他成员都成功的前提下，自己才能取得成功，从而培养团结合作、相互尊重的美德。

二、在思辨探究中启"智"

新颁布的数学课程标准把智育开发作为数学课堂的任务之一，从生命的层次，以动态生成的观念，树立了全新的学生观，要启迪学生思维，打开小学生数学智慧之门，点燃学生的思维火花，培养学生的逻辑思维、形象思维、数形结合等能力。在小学数学课堂中，智力培养就是要坚持落实"学生主体、教师主导"的思想，用教师的人格和学识魅力去感染学生，引导学生发现数学问题，研究数学问题，解决数学问题，探究数学的奥秘并感受数学的魅力。用教材的知识和人生价值去引领学生，用积极性评价激励学生，就势必能演绎出精彩的课堂，并开启学生的心智之门。

例如，在教学《找规律》一课时，课尾设计游戏：人有两个宝，双手和大脑，双手会做工，我们淘汰它。游戏规则是从左起一人对应一字地读，读到儿歌的最后一个字是谁，谁就出局。

师：首先请4个同学到讲台前来玩，从左边开始读，猜猜谁会出局？

生：我已经知道第4个学生会出局。

老师：4个小朋友还没进行游戏，你怎么就知道答案了？

生：我是在心里数出儿歌得到的，这样对应着找，肯定不会出错。

生：我是这样想的，儿歌一共20个字，$20 \div 4 = 5$（组），没有余数，就是最后一个人"出局"。

老师：继续追问，如果请6位同学和老师玩7人游戏，可以自己想，也可以小对子合作学习，怎样才能将老师出局？

生：老师站到第6位上。

老师：你们太有思维能力了，这又是为什么呢？可以把你的想法分享给大家吗？

生2：我们组这样想，20÷7=2（组）……6（人）肯定是第6人出局。

老师：如果再玩8人甚至9人的游戏，有信心再赢老师吗？……信心高涨，情趣高昂。

例如，在教授容积的知识时，提出这样一个问题：如何测量出一个能装水的葫芦的容积？由于葫芦是不规则的物体，那么要求葫芦的容积，学生自然会联想到如何将"不规则"的物体转化为"规则"的物体的做法。有的学生提议在这个葫芦里先把水装满，然后将水倒入一个规则的圆柱体或长方体的容器里，显然这个方法符合教师的预设，也充分体现了对所学知识的运用。但是，这时有个学生提出了异议：

生：我认为这个方法不好。

师：哪里不好了呢？请你说一说。

生：我们测量圆柱容器的直径和高时可能得不到整数，长方体容器的长宽高可能也一样，这样计算起来就会很麻烦，结果也不是很准确，这样就出现了误差。

师：你的想法很有道理，那么，你有什么好办法能解决这个问题吗？

生：可以称一下空葫芦的重量，再称一下装满水葫芦的重量，算出它们相差的重量，就是葫芦中水的重量。

师：知道了水的净重，那怎么求出葫芦的容积呢？

生：我知道1立方分米的水重1千克，所以水的重量是几千克，热水瓶的容积就是几立方分米。

课本知识是死的，而生活问题是活的。学生通过生活实践，把知识转化成了智慧。

三、在项目化学习中健"体"

体育是其他各育的基础，是人全面发展的前提条件，有着其他学科不可替代的独特作用，它能培养学生的合作和竞争的精神，也是培养全面发展的现代人的重要手段。只有拥有强健的体魄，顽强的意志，才能克服学习中的各种困难。小学数学中融入大单元和项目化学习的要素，由问题驱动，用高阶段学习带动低阶段学习，引导学生合作解决大问题，在解决问题时融合"阳光体育"教学活动。跨学科的"融合课"既能够让学生的身体得以锻炼，还能使数学课堂由抽象变为形象；不仅能激发学生的思维碰撞与交流，而且能使学生掌握体育活动的技术要领，体验到成就感，从而让学生的体育素养得以在数学课堂中生长。

例如，在教学六年级下册《确定起跑线》一课时，提出问题：为什么运动员不站在相同的起跑线上，而要站在不同的起跑线上呢？如果按照教材提供的材料进行教学，利用课件的呈现，引导学生探究，多媒体的演示对学生的理解虽有帮助，但毕竟学生没有进行实际体验，对结果的认识只会处于浅层。因此，为了有一个更好的教学效果，让学生走出教室，以小组为单位在真实的情景中进行项目化的学习，学生带足教学用具到学校操场进行实地观察、测量、记录，向体育老师请教相关体育知识，运用圆的相关数学知识进行计算，在足够的时间内收集各种方案，最终由组内一名组员进行相关展示汇报，各组共同优化方案，达成共识；明白每个跑道的直线长度是相同的，两条半圆形跑道合在一起是一个圆，只需要计算两个圆周长之后，就能确定起跑线的位置，有了方案以后，确定起跑线，让学生在"阳光体育"中分别进行100米、200米的体育比赛，使学生在亲身体验和实际操作中理解场外跑道起跑线位置应向前移动才能保证起跑时的公平。

四、在数学世界中赏"美"

美育是人类净化思想道德，丰富人文素养的重要途径。"数学活动中感受美、欣赏美、体验美"是数学课程标准所积极倡导的一个重要理念，数学之美充满了整个世界，它结构的完整、图形的对称、布局的合理、形式的简洁，无不体现出数学中美的因素。在小学数学教学过程中，数学教学应在师生和数学之间架起一座桥梁，使数学中美的因素得以体现，教师应将数学课与美术进行巧妙组合，绝不仅限于图形美，更多在于音乐美、艺术美、文化熏陶美，用艺术的手段丰富学生的学习，激发学生对数学的学习兴趣与热情，充分利用现代教学手段，创设美的教学情景，将数学活动变为感知美、欣赏美、表现美、创造美的综合审美活动，从而使学生热爱数学，学好数学。

例如，在教学一年级下册《找规律》时，新授课结束之后，学生明白了像彩旗、小花、灯笼、小朋友这样以几个为一组重复出现的规律，叫作有规律的排列。那么教师就可以采用多元化的美育设计练习，进行课中练习。

（1）玩一玩：伴随《我是小可爱》音乐，学生进行拍手拍肩律动操，不自觉地在音乐的享受中感知了什么是规律。

（2）猜一猜：创设小朋友喜欢的画面，你知道后面是按什么样的规律排列的吗？

（3）画一画：请用你的小画笔画出心中喜欢的有规律的图案，一幅幅各具特色，大开脑洞，漂亮的图案比比皆是。

（4）赏一赏：伴随音乐来欣赏生活中的规律的美，击鼓的声音、钟表的声音、警车的声音、太阳的东升西落、月亮的升起落下、红绿灯、斑马线、音乐音调高低变化、仪仗队的排列等。

（5）课后作业设计：①把有规律的事物说给爸爸妈妈。②自己动手创造规律。

五、在实践操作中育"劳"

数学源于人类的生活实践，反过来又指导人类的生活实践。数学的抽象性并不代表它是虚无的东西。学生学习数学知识，将知识内化为能力，将理论与实践相结合时需要知道劳动技术是顺利实践的主要支撑。除了到劳动现场外，数学课堂上需要教师提前做好劳动准备，设计模拟场景，通过实地或模拟的方式让学生体验"数学与劳技"的结合。例如，在复习《平面图形面积》一课时，时间上恰好是学校新建教学楼后，学校给我们六年级（2）班划分了一片劳动基地，此基地不仅要进行美化，还要绿化。我将学生带到实地进行勘测，由于地形不规则，请同学们通过设计合理的方案，把这块基地分成6份面积相等的正方形、长方形、平行四边形、梯形、三角形，并相应种上西红柿、菠菜、辣椒、黄瓜、茄子，剩余的面积种上花。我第一节课让学生现场进行测量并获得平面图中的相关数据，回教室后分成6组进行项化操作，各组自行设计，以美观实用为主，最后通过讨论集体评选出最佳方案。第二节课带学生进行了平整基地并按图纸进行打畦隔开分成6份。第三节课邀请蔬菜技术员进行了种植指导，各组挂牌种植管护，按期松土、浇水、锄草。学生在劳动实践中巩固了平面图形的面积公式的运用，提高了数学素养。

从"五育"并举到"五育"融合，已经成为新时代中国教育变革与发展的基本趋势。要落实"五育"融合，课堂是主渠道，教师是主设计师。数学教师要站在整合的高度，将"五育"看作一个有机的整体；在数学课堂中将五育综合渗透，促进小学数学课堂素质教育目标的实现，从而全面提升学生的数学核心素养。

基于单元下的备课

——圆柱的侧面展开和的教学设计

科目：六年级数学。

教学内容：图形的认识与测量。

单元主题：图形的认识与测量。

单元要求：通过实例了解体积或容积的意义。知道体积或容积的度量单位，能进行单位之间的换算，体验不规则物体体积的测量方法。

认识圆柱圆锥，了解圆柱的展开图。探索并掌握圆柱、圆锥的体积和圆柱的表面积的计算公式，能解决简单的实际问题。进一步形成量感、空间观念和几何直观。

一、单元教材分析

本单元是在认识了圆，掌握了长方体、正方体的特征以及表面积与体积计算方法的基础上编排的。圆柱圆锥都是基本的几何形体，也是人们在生产、生活中经常遇到的几何形体，教学圆柱和圆锥扩大了学生认识形体的范围，增加了学生对形体的知识，有利于进一步发展学生的空间观念。

单元教材的横纵向联系和学生学情、单元整体教学目标的分析，特别是依据新课标核心素养指导下的学习内容、学习方法的内在关联，将原教材中圆柱与圆锥的认识、圆柱的侧面积和表面积、圆柱与圆锥的体积，由原来的分离编排给予整合，由于认识方法和隐含的思想方法相通，使得整合成为一种优化。

（一）学情分析

（1）大部分学生能从实物抽象出图形，但对圆柱、圆锥的特征不清楚。

（2）学生有圆柱表面积的度量意识，小部分学生能正确地想象出圆柱的展开图。

（3）学生有圆柱体积的度量意识，但只有1/3的学生能把圆柱的体积和长方体的体积进行联想。

（4）学生有圆锥体积的度量意识，大部分学生能把圆锥的体积和圆柱的体积进行联想。

（二）知识与方法的迁移

（1）圆柱和圆锥的教学从直观入手，通过对常见实物观察，使学生认识圆柱的形状，并从实物中抽象出圆柱几何图形，然后介绍圆柱各部分名称。通过教师演示及学生实验来教学圆柱的侧面积、表面积及圆锥的体积。

（2）加强数学知识与实际生活的联系。提高学生运用所学知识解决实际问题的意识与能力。这部分内容加强了与生活的联系，也为教师组织教学提供了思路。因此，教学时应注意加强与实际生活的联系，重视运用所学知识解决实际问题的意识与能力的训练。在认识圆柱和圆锥之前，可以让学生收集、整理生活中应用圆柱、圆锥的实例和信息资料，以便在课堂上交流。认识圆柱、圆锥后，还可以让学生根据需要创设和制作一个圆柱或圆锥形物品。这样。既可以激发学生的学习兴趣，又可以提高学生运用数学为生活服务的意识和能力。

（3）让学生经历探索知识的过程，培养学生自主解决问题的能力。本单元加强了对图形特征、计算方法的探索。为此，教学时，应放手让学生经历探索的过程，让学生在观察、操作、推理、想象过程中掌握知识、发展空间观念。例如，圆锥体积的教学，教材首先创设了一个问题情境"如何知道像圆锥这样的物体的体积"。引导学生探索并给出提示。圆锥的体积和圆柱的体积有没有关系，然后引导学生通过实验。探究圆锥和圆柱体积之间的关系。教学时，教师应大胆放手让学生探究，注意为学生提供积极思考、充分参与探索活动的时间和空间。

二、关键内容

圆柱的侧面展开图（种子课）。

三、核心概念

学习圆柱与圆锥之前，学生已经学习了长方形、正方形、长方体、正方体和圆的有关知识，为学习圆柱和圆锥提供了知识储备和研究经验。通过研究发现，学生学习几何图形都要经历从立体图形到平面图形再到立体图形，从直边图形到曲边图形的螺旋上升的过程。从度量的意识培养看，先是一维长度的度量到二维面积的度量，最后到三维体积的度量。这一过程培养和发展了学生的度量意识和空间观念。

圆柱和圆锥的核心概念：二维平面与三维立体的转化。面积和体积的测量是测量单位的累加，需要用极限的思想，类比、迁移长方形的面积和长方体的体积。

四、单元教学目标

（1）使学生认识圆柱和圆锥，掌握它们的基本特征，并认识圆柱的底面、侧面和高，认识圆锥的底面和高。

（2）引导学生探索并掌握圆柱的侧面积、表面积的计算方法以及圆柱、圆锥体积的计算公式，使学生会运用公式计算体积，解决有关的简单实际问题。

（3）通过观察、设计和制作圆柱、圆锥模型等活动，使学生了解平面图形与立体图形之间的联系，发展学生的空间观念。

（4）使学生理解除了研究几何图形的形状和特征，还要从数量的角度

第四章

教学实践

来研究几何图形，如图形的面积、体积等，体会数形结合思想。

（5）通过圆柱和圆锥体积公式的探索，使学生体会转化、推理、极限、变中有不变等数学思想。

五、教学重难点

单元重点：掌握圆柱的表面积的计算方法和圆柱、圆锥体积的计算公式。

单元难点：圆柱的表面积和体积的计算公式的推导、圆锥体积的计算公式的推导。

六、课时划分

（1）圆柱6课时。

（2）圆锥3课时。

（3）整理与复习1课时。

七、单元过关训练设计

根据本单元的教学重难点，我们合理、有针对性地设计单元过关练习，设计练习时应注重考查基本知识和基本技能，提高学生基本的数学素养，注意设计容量适宜、层次不同、有梯度的练习题，既让学生巩固所学内容，又让学生体会数学知识与生活的紧密联系，促进学生分析问题、解决问题能力的提高。我们从以下三个方面进行设计。

（一）基础巩固类

这部分练习体现基础性、目的性、典型性，针对本单元的学习内容设计一些合理的练习题来强化学生对新知的理解和巩固，让大多数学生都能完成，获得成功的喜悦。比如，本单元注重算理的理解，可以设计以下练习。

1.选择。（把正确答案的序号填在括号里）

（1）做一个有盖的圆柱形油桶要用多少铁皮，是求油桶的（　　　），如果要求这个油桶能装多少油，是求油桶的（　　　）。

　　A. 表面积　　　　B. 体积　　　　C. 容积　　　　D. 侧面积

（2）等底面积等高的圆柱与长方体的体积相比较，（　　　）。

　　A. 长方体的体积大　　　　　　B. 圆柱的体积大

　　C. 体积一样大　　　　　　　　D. 体积大小无法确定

（3）圆柱的底面半径和高都扩大3倍，它的体积扩大（　　　）倍。

　　A. 3　　　　　　B. 9　　　　　　C. 27　　　　　　D. 81

（4）两个圆柱的侧面积相等，它们的（　　　）一定相等。

　　A. 体积　　　　　　　　　　　B. 底面周长

　　C. 底面面积　　　　　　　　　D. 底面周长与高的乘积

（二）能力提升类

这类练习题目灵活，开放有度，注重学生的思维训练，旨在调动学生学习的自觉性和积极性，增进学生对数学的情感态度，根据本单元内容，我们可以设计以下练习：

1. 一个圆柱形水桶，高62.8厘米，它的侧面展开是个正方形，做这样的无盖水桶至少需要多大面积的铁皮？

2. 一个圆柱体，底面半径是7厘米，表面积是1406.72平方厘米。这个圆柱的高是多少厘米？

在设计练习时，教师更关注推理的元素，让学生联系生活来思考过程，从而使学生能够结合情境，理解算理，同时培养学生的推理能力。

（三）拓展提升类

拓展提升题有助于巩固所学知识，提高学生的思维能力，培养学生综合运用知识的能力。设计这类练习的目的是为学有余力的学生提供一个展示的平台，如本单元可以设计以下练习：

一个圆柱的高是9厘米，如果把它的高截短3厘米，它的表面积就减少94.2平方厘米，那么这个圆柱的表面积是多少？

161

享数学之趣　品数学之美

——《圆柱的侧面展开图》教学设计

一、教学内容

人教版数学六年级下册第20页。

二、教学目标

（1）借助日常生活中的圆柱体，感受一下圆柱侧面是一个怎样的曲面；想象一下侧面展开后是什么形状，以培养学生的空间想象能力，体会化曲为直的数学思想。

（2）使学生自主探索侧面展开的各种图形与圆柱相对应部分的关系，发展空间观念。

（3）使学生在与现实生活密切相关的问题情境中，通过观察、操作、发现、讨论等活动，经历侧面展开的各种图形与圆柱相对应部分的关系，以培养学生的观察能力、动手操作能力、自主探究能力和创新能力。

三、教学重难点

教学重点：掌握圆柱侧面展开图的基本特征。

教学难点：圆柱的侧面与它的展开图之间的关系。

四、教具、学具准备

圆柱体、硬纸、剪刀、胶带、圆规、直尺、课件。

五、教学过程

（一）设置问题障碍，深化特征的研究

通过上节课的学习，提出问题：圆柱由哪些部分组成？有什么特征？通过刚才的回忆，同学们知道，圆柱是由2个完全一样的圆和1个侧面组成的（侧面是一个曲面），圆柱两个底面之间的距离叫圆柱的高，高有无数条，这些高都相等。

预设：圆柱是由3个面，2个完全一样的圆和1个侧面组成的（侧面是一个曲面），圆柱两个底面之间的距离叫圆柱的高，高有无数条，这些高都相等。

设计意图：通过具有挑战性的问题情境，引导学生的思维层层推进，使学生的操作经验内化到原有的认知结构中，丰富了学生对圆柱特征的理解。

（二）运用"233"模式自主探究新知

1. 运用"学讲稿"

探究活动一：圆柱的侧面展开可能是什么样的平面图形？（计时器1分钟，投屏展示）

预设：小对子交流。

A组：我们组沿圆柱的高剪开，这样就把侧面这一曲面转变成了长方形。

B组：我们小对子剪开的图形不一样，也是沿着高剪开的，剪开后的图形是正方形。

C组：我是沿着一条斜线剪开的，可是剪开的却是平行四边形。

设计意图：在讨论圆柱的侧面时，通过猜测再进行验证，学生动手操

作、小组合作学习、互相交流，认识到圆柱沿高、沿斜线剪开后的图形，加强了圆柱侧面展开图的平面图形，为学习圆柱与相关图形和形体之间的关系做了铺垫。

2. 小对子交流，汇报结果

几位同学巧妙地化曲为直，把圆柱的侧面转化成了不同的平面图形，下面我们就以沿圆柱的高剪开，得到圆柱的侧面展开图是一个长方形并加以研究，仔细观察剪开后的图形和圆柱之间有什么关系。

探究活动二：以小对子为单位，合作探究，并汇报交流结果。（计时2分钟，展台展示）

预设：小对子汇报。

A组：我们组沿圆柱的高剪开，这样就把侧面这一曲面转变成了长方形，再围起来，我们组发现长方形长=圆柱的底面周长；长方形的宽=圆柱的高。

B组：我们组沿圆柱的高剪开，展开成了长方形，滚动圆一周正好和长方形的长相等，通过比较发现长方形的宽=圆柱的高。

设计意图：把教学重难点化繁为简，化抽象为具体，并把"观察、猜想、操作、发现"的方法贯穿始终，既加深了学生对圆柱各部分名称和特征的认识，又仔细观察剪开后的图形和圆柱之间有什么关系，有效地培养了学生的逻辑思维能力。

小结：通过刚才同学们的分享，圆柱的侧面展开图是一个长方形，都得到了一个共同的特点：长方形的长=圆柱的底面周长；长方形的宽=圆柱的高，这个结论是否正确？我们逆向验证，如果给你一些材料，如何做出一个圆柱形（微视频展示）。

（三）巩固练习

根据圆柱的侧面展开图，来考考你的能力。（见希沃课件）

1. 根据圆柱的侧面展开图，考考你的眼力。

2. 根据圆柱的侧面展开图的相关知识，我们再想一想，什么情况下圆柱的侧面展开图是一个正方形？

3. 接下来我们继续用圆柱的侧面展开图知识判断这道题。

4. 有关圆柱的侧面展开图生活中有很多应用，一起来解决这道题。

5. 学习圆柱的侧面展开图，还要展开空间想象力，继续来想象。（理解正切与纵切）

教师小结：通过大家的主动探究，我们认识了立体图形——圆柱，圆柱在生活中得到了广泛的应用，它在建筑、日常用具、工艺美术等方面给我们增添了许多情趣。希望同学们把这节课学到的知识更好地应用到实践中去。

（四）小结

通过今天的学习，谈谈你的收获？（以思维导图和形式呈现）

（五）作业

测量一个圆柱的物体，记录测量报告，我选的圆柱物体（　　　），我测量了圆柱的（　　　）和（　　　），这个圆柱的侧面展开长是（　　　），宽是（　　　）。

六、课后反思

"233"教学模式是从低阶向高阶发展并且要基于学生的课前预习、课中探究、课后拓展，环环相扣。在教学圆柱侧面时，我没有拘泥于教材上的层面转化为长方形这一思路，而是放手让学生合作，探究能否将这个曲面转化为学生学过的平面图形，鼓励学生大胆尝试把圆柱形纸筒剪开，结果学生根据纸筒的特点和剪法，分别将曲面转化成长方形、正方形、平行四边形、不规则图形的平面图形。通过观察和思考，最终都探讨出了圆柱的侧面展开图的本质，以及侧面展开图与圆柱的关系，为学习圆柱的侧面积公式的推导做了伏笔。在组织学生合作学习中，较好地培养了学生的创新意识，构建创新思维，学以致用。

第四章 教学实践

附：

《圆柱的侧面展开图》学讲稿

一、回忆铺垫

通过上节课的学习，圆柱由哪些部分组成？有什么特征？请你以思维导图的形式呈现出来。

二、新知分解

探究活动一：圆柱的侧面展开可能是什么样的平面图形？请你动手剪一剪，并进行梳理，课堂中和小对子一起来交流哟？能把你剪的图形用图形画出来并涂上色吗？

探究活动二：找一个圆柱模型沿高剪开，侧面展开是一个长方形，仔细观察剪开后的图形和圆柱之间有什么关系？能用其他图形来继续剪吗？请用语言描述剪开图形与圆柱之间的关系。

三、学以致用

学完本课内容，你准备测量一个什么圆柱的物体，记录测量报告，我选的圆柱物体（　　　），我测量了圆柱的（　　　）和（　　　），这个圆柱的侧面展开长是（　　　），宽是（　　　）。

大观念，大问题，大情境，大任务

——"除数不接近整十数的试商方法"教学设计及评析

一、教学设计

（一）教学内容

人教版数学四年级上册第81页例5。

（二）教学目标

（1）学生学会把除数看作是15、25的特殊数进行试商的方法。

（2）掌握灵活试商的技巧，提高试商速度；使学生经历笔算除法试商的全过程，能灵活地试商。

（3）培养学生认真计算的学习习惯，提高学生的运算能力。

（三）教学重难点

教学重点：掌握把除数看作是15、25的特殊数进行试商的方法，训练学生灵活试商和正确计算的能力，提醒学生余数要小于除数。

教学难点：采用灵活试商的方法进行试商计算。

（四）课时安排

1课时。

（五）课前准备

希沃教学课件。

第四章

教学实践

（六）教学过程

1. 创设情景，温故知新

在每周我们的升旗仪式中，学校对我们的队伍整齐性提出了以下要求，一到二年级，总人数123人，每列人数32人，三到五年级，总人数185人，每列人数28人，六年级人数245人，每列27人。你知道分别排几列吗？

123÷32=（   ）   185÷28=（   ）   245÷27=（   ）

复习前面学过的试商方法。

（1）四舍五入法。

（2）同头无除商八九。

（3）除数折半商四五。

2. 探究新知

出示例题，初探方法。

体育老师准备挑选240人参加运动会，进行队列展示，每列26人，可以排几行呢？

（1）出示问题：计算240÷26=（   ）。

（2）组织计算竞赛。

（3）学生自主解答：240÷26=（   ）。

（4）选择计算中不同的试商情况进行汇报。

预设：

生1：我把除数26看作30，想：30×8等于240，试商后发现余数32比除数大，32里面还有1个26，所以商8小了，改商9。

生2：我是这样想的，10个26是260，比240多20，可以商9。

生3：我把除数26看作25，想4个25是100，8个25是200，余下的40里面还有1个25，8＋1=9，所以商9。

（如果学生想不到把26看作25来试商，教师要提示能否把26看作25来试商，并留给学生思考的时间）

把你的试商过程说给同学听。

3. 巩固练习

（1）完成教材81页"做一做"，说说自己试商的过程。

96÷16=（　　　）　　　200÷25=（　　　）

104÷26=（　　　）　　　182÷24=（　　　）

思考：哪种方法比较简便？

（2）选择合适的试商方法。

80÷16=（　　　）　　　502÷68=（　　　）

230÷27=（　　　）　　　410÷82=（　　　）

225÷21=（　　　）　　　364÷72=（　　　）

252÷34=（　　　）　　　394÷89=（　　　）

分别说出把除数各看作是几？

看一看被除数和除数之间有什么特点？

你发现了什么？

（3）总结试商方法。

4. 课堂总结

这节课我们学习了哪些内容？你都学到了哪些知识？

学生总结汇报，教师出示试商歌。

5. 布置作业

教材82页3题。

二、评析

我校姚月琴老师做课的内容是"除数是不接近整十数"的试商方法的灵活应用，因为这次教研活动主题是基于单元整体设计与实施，下面我就以大单元整体教学设计的视角，针对主题把我个人的看法和大家交流，不当之处，敬请批评指正。

（一）用"观念"引领大单元教学

这节课在学生已经学习乘法、口算除数和除数是一位数的笔算以及估算的基础上，考查学生能否将本节的内容通过"估算"的办法转化为已经学习过的计算，形成正确解决问题的策略。通过观课，我们惊喜地发现，学生在已有的经验基础上，通过"除法和乘法"及除法的意义的学习，建立起"利用乘法可以计算除法算式的结果"的观念，把思想方法与思维方式迁移到"除数是一位数"的学习中；建立起"利用乘法把计数单位个数分下去，分不尽时细分单位继续分"这样的观念。前面所有建立的观念都可以迁移到除数是两位数的计算中，由此可见，这些过程中形成的"观念"在单元备课中是很重要的。

（二）充分体现出大单元"教、学、评"的一体化

在"教"方面，教师通过大概念引领，任务驱动，在主题中解决计算 $240 \div 26 = （\quad）$ 的问题。学生已经掌握了"四舍五入"法的一般方法，习惯于思维定式并没有观察算式的特点盲目计算时，教师能巧妙设疑，充分调动学生敢于去想，促进了学生推理能力的发展。在"学"方面，学生在教师的引导下，基于灵活试商这一目标，产生疑惑，最终打开了思路，在自主探究中参与各种任务活动，充分表达自己的想法，当学生发现可以用"四舍五入"法，也可以用"同头无除"商八九的方法，还可以用作除法想乘法的方法，也就是"估算方法"，还可以把26看作25（中数除）的方法，在答案都正确的情况下，教师进一步引导学生通过调商的次数、过程的繁简、不容易出错的角度出发，引导学生在反复观察与反复比较中，自己感悟体验、归纳优化算法，水到渠成地突破了主题难点。这样的设计不仅将数学知识和技能转化为学生自身的核心素养，而且使学生会用数学的思维思考解决数学问题，进一步培养了学生在计算策略中的灵活性和简洁性。在"评"方面，教师依据目标通过组织和引导学生完成多种任务活动，及时检测反馈教与学的效果，如在练习设计中选择合适的试商方法，使学生在会算的基础上明白在具体的解题过程中要根据题目的特点，灵活

选择合适的试商方法，找出更简便实用的方法提高计算的准确性和速度，凸显了学生会用数学的眼光观察数学计算的素养，因此，大单元的"教、学、评"实现了一体化。

（三）用大单元"建构"思想促进学生的理解和迁移

1. 重视算理的理解

计算教学最重要的是沟通算理，总结算法。计算课算理的呈现大多是直观地演绎，如在教学"除数是一位数的除法"时通过分小棒的过程，通过数形结合的方法，将算理与算法打通。在理解算理的基础上可以感悟出哪个计数单位的个数够分，哪一数位上就有商，在这一过程中利用算理来感悟方法，而不是归纳出方法记住，算理和算法并行，突出了学生学到了什么。

2. 重视学习的生长性

本节课的学习起点是除数是一位数的除法，利用迁移的思想把计数单位的个数中的算理、算法、书写顺序都迁移过来，也为以后的小数除法奠定了扎实的基础和思维，更是对整数除法的一次拓展总结，对提升学生的计算技能具有重要的意义。

3. 重视学习内容的融合

当知识之间的隔断打通后，学生对"理"很熟悉，对"法"也很熟悉了，便能自主迁移，学习变得向深度发展。一些需要以后解决的问题，如哪一位上不够除的问题，以及商不变的性质及商的变化规律知识承接了积的变化规律的学习经验，也是后面要学习的分数的基本性质和比的基本性质的基础，这些知识与经验在简便运算中也发挥着重要作用。学会了迁移的方法，这些知识经验也就更容易掌握，这样教材与单元、单元与课时就实现从"单一割裂点状"迈向了"整体融合拓展"。

课堂没有真正的完美，针对以上课例提出以下建议：

（1）在多元化评价上有待提高。

（2）在大单元整体教学设计上再深钻细研。

第四章 教学实践

　　总之，本主题活动让我们看到单元整体教学是将数学知识、数学能力、核心素养进行整合，符合大单元的设计与实施要求，实现"教、学、评"一体地从浅层次学习走向深度学习的课堂，但在大单元下整体教学设计与实施方面我们还不够成熟，还需要我们教师，不断地思考、实践与再思考、再实践。

亲近数据 感悟随机

——《可能性》教学设计

一、教学内容

人教版数学五年级上册第44页的例1和相关练习。

二、学情分析

由于《可能性》是五年级上册的内容，而教学对象是四年级的学生，所以学生掌握的情况怎么样，教师不曾了解。因此，提前将学讲稿发放给学生，通过微课提前给学生学习，进行初步的了解。所以在课堂各个环节的设置上略有改动和变化。力求突出重点，突破难点，在练习设置时力求与学生的生活密切联系，激发学生的学习兴趣。

三、教学目标

（1）学生初步体验事件发生的确定性和不确定性，并能用"一定""可能""不可能"等词语来描述事件发生的可能性。

（2）学生在观察、实践、描述和交流的过程中充分感受事件发生的确定性和不确定性。

（3）学生体会数学和日常生活的密切联系。

第四章 教学实践

四、教学重难点

教学重点：学生通过活动，体验事件发生的确定性与不确定性。

教学难点：学生能结合具体情境，用"一定""不可能""可能"等词语来描述事件发生的可能性。

五、教学准备

抽签盒，学讲稿，课件，微课。

六、教学流程

（一）激趣导入

师：孩子们，再有两个月就是2022年的元旦了。为了欢庆元旦，展示同学们的才艺，学校规定一个班出三个节目。老师想让同学们提前用抽签的方式决定自己要表演的节目，大家有兴趣参加吗？

下面我们一起来进行抽签活动，首先明确活动要求：三个节目，需要3个人，每人表演一个节目。

（二）探究新知

活动前：猜想。

猜猜看：第一位同学会抽到什么节目？（老师注意课堂生成，紧抓关键词）同学们用抽签的方式表演节目，能事先确定自己表演什么节目吗？

活动中：验证。

（1）有哪些可能？（此时由于不知道抽签的内容，因此有多种可能。引导学生周全思虑，完整表达）

（2）抽抽看：活动探究，体验事件发生的确定性和不确定性。

例1情境：课件呈现，有三张卡片，上面分别写着"唱歌""跳舞""朗诵"（告知学生），放在盒子里，选学生依次上来抽签，并分三步分析事件发生的确定性和不确定性，逐步完成研究报告。

盒子里有三张卡片时的抽签情况。

注意课堂生成，紧抓第一个关键词"可能"，应用超链接及时梳理总结，用到了哪个关键词，这个关键词描述的事件发生的结果确定吗？

（3）盒子里剩下两张卡片时的抽签情况。

注意课堂生成，紧抓第二个关键词"不可能"，应用超链接及时总结，不可能所描述的事件发生的结果是确定的。

（4）盒子里剩下一张卡片时的抽签情况。提问：聪聪说，剩下一张卡片，不用抽也确定是什么节目，你知道为什么吗？

注意课堂生成，紧抓第三个关键词"一定"，梳理总结，一定所描述的事件发生的结果是确定的。

设计意图：通过抽签活动，学生体验事件发生的可能性。引导学生完整表达，培养用数学术语表述事件发生的可能性的良好习惯。将"唱歌""跳舞""朗诵"应用希沃5的课堂克隆模式，阶段性地总结描述事件发生可能性的关键词，发生结果的确定性和不确定性，从而有效地突出了重点，突破本课的重点。

活动后：总结。

（1）小组讨论：通过刚才的抽签活动，你们发现了什么？

（2）引导学生得出事件发生有时是确定的，有时是不确定的；事件发生如果是确定的，可以用"不可能""一定"描述；事件发生如果不确定，可以用"可能"描述；所有可能发生的结果与剩卜的卡片有关。

（三）巩固练习

1. 摸棋子游戏

教师：仔细观察两个盒子，1号盒子和2号盒子，如图（课件出示），从图中你都知道了什么？

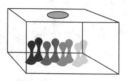

教师：小对子合作要求。

（1）请用"可能""不可能""一定"这些词来描述。

（2）同桌两人相互说一说。（两人汇报，一人问一人答）

（3）先说完老师给出的问题，再仿照老师给出的问题自己提出几个问题并解答。

教师：注意课堂生成，点亮学生的智慧，及时点评。（从中发现：小组合作的实效性、高效性）

2. 补充练习

公鸡和母鸡下蛋的问题。

设计意图：将原本的摸糖果游戏，改成了课本后面的"做一做"摸棋子游戏，利用课件制作的活动画面，进一步巩固描述事件可能性的关键词。因为开课已经用了活动，为了节省时间，这里以课件的形式展现活动，应用"231高效教学模式"的小对子合作汇报，突出研究小组合作策略的研究，让学生进一步明确"不可能"描述的事件发生的结果是确定的，同时要学生亲身体验数学来源于生活，密切联系生活，而又服务于生活。

3. 综合练习

（1）一个正方体，六个面上分别写着数字1~6。掷一次，可能掷出哪些数字？（进一步巩固，事件发生的结果不确定，用"可能"来描述）

（2）送小动物回家。

将房子上的关键词添加到下面的话中，描述事件结果确定的事件送到"一定""不可能"的房子，描述事件结果不确定的送到"可能"这所房子。

①三天后是晴天。（　　　）

② 爸爸的年龄比儿子的年龄大。（　　　）

③ 马叔叔买彩票会中奖。（　　　）

④ 天上下石狮子。（　　　）

⑤ 太阳从西方升起。（　　　）

⑥ 太阳从东方升起。（　　　）

设计意图：进一步巩固新知，加强训练。考虑到用打√和打×，学生会想打×的这句话是对的，打√的话这句话又有问题，会误导学生。也可以考虑用其他符号，如圆、三角形等图形来判断，但是最终斟酌，不论用哪个符号来判断，都起不到强化重点知识的作用，故改成了送小动物回家，以游戏填词的形式出现，这样的方法更进一步地强化突出《可能性》的重难点，深化学生的思维。让每个学生都能体验到成功的快乐。建立学习数学的自信心。

4. 拓展练习

第47页第3题以学生连一连、说一说的形式完成，并请学生说说为什么。设计意图：考查学生的综合知识掌握情况。

（四）全课总结，畅谈收获

你的收获：知识技能、思想方法、数学视野。

（五）板书设计

可能性

可能（不确定）

不可能 ⎫
　　　 ⎬（确定）
一定 　⎭

七、课后反思

亲近数据：史宁中教授指出"统计教学重要的是培养孩子们对于数据的感情"，小学阶段可能性教学更多偏向统计，用数据来推断可能性的大小，核心思想是对不确定事件的关注，让学生体验事件发生的随机性。课堂中设计抽签学生没法看，只能先估，最后才打开加以印证，为什么要先估呢？在估的过程中，更有利于学生亲近数据，感悟随机，体现数据的价值，培养数据分析观念。

感悟随机：关注学生借助活动的学习过程，为学生提供了充分的活动空间，让学生在大量的观察、猜测、试验与交流的数学活动中，经历知识的形成过程，逐步加深对不确定现象和可能性大小的体验，并在小组合作中让学生人人有事做，通过分组摸球试验让学生经历数据的收集、整理、描述和分析的过程。

附：《可能性》学讲稿

班级：　　　　　　姓名：

【阅读例题型】

（一）阅读例题，自主探究

1.阅读课本第44页的例1，完成下面的问题。（问题一定要答全哦！）

（1）小明可能会抽到什么节目？

（2）小丽可能会抽到什么节目？不可能抽到什么节目？

（3）小红会抽到什么节目？

2.小结：事件发生的可能性：

（1）用（　　　）（　　　）（　　　）来进行描述。

（2）在描述事件发生的可能性时，先要全面分析，再做描述。

（二）动手操作，探究规律

1. 自制一个纸盒子，装上4个白棋子和1个黑棋子。

2. 从盒子里任意摸出一个棋子（不许偷看），记录它的颜色，然后放回去摇匀再摸，重复20次。

3. 边操作边完成实验报告单的记录和统计结果。

	记录	次数
白棋子		
黑棋子		

4. 根据实验结果，你发现了什么？为什么会这样？

5. 如果再摸一次，你一定能摸到白棋子吗？为什么？

信息技术赋能数学课堂

——《平行四边形的认识》教学设计

一、课前分析

（一）课标分析

《义务教育数学课程标准（2011年版）》指出：让学生亲身经历将实物抽象成数学模型，并进行解释与应用的过程，从而使他们真正掌握数学知识与技能，理解数学思想与方法，获得广泛的数学活动经验。

（二）教材分析

这部分内容属于人教版四年级下册，是在学生初步掌握了长方形和正方形的特征时，认识了垂直与平行的基础上进行教学的，学好这部分内容，有利于提高学生的动手能力，增强学生的创新意识，进一步发展学生对"空间与图形"的想象。

（三）学情分析

本节课是学生在认识了平行四边形以及垂直与平行的关系及对平行四边形有了初步的认识的基础上学习的，且学生的思维水平正处于形象思维到抽象思维的过渡期，求知欲望及好奇心极强，好奇心是学生学习的内部动机，因此本节课采用学生动手、直观感知、自主探究知识的由来的方法展示教学，使学生深切地体会平行四边形的特征。

二、教学目标及重难点

（一）教学目标

（1）帮助学生结合生活实际和教学助手课件认识平行四边形，掌握平行四边形的特征。

（2）认识平行四边形的底和高，培养学生抽象、概括的能力，渗透对应的数学思想和数学学科素养，激发学生的学习兴趣，培养积极探索的精神，感受数学的价值。

（二）教学重难点

教学重点：平行四边形的意义。

教学难点：认识平行四边形的底和高。

三、教学准备

课件、教学助手、展台等。

四、教学过程

（一）复习旧知，导入新课

师：昨天老师已经上传了学讲稿，同学们，你们认识平行线吗？请看大屏幕，这里面哪一组是平行线？

教学助手播放：

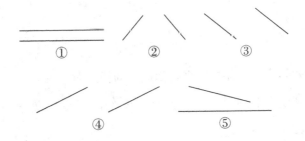

第四章　教学实践

（1）提问：第②组是平行线吗？第⑤组呢？我们来看剩下的三组平行线，请同学们仔细观察。（课件动态依次演示）

（2）师：认识这个四边形吗？

点明课题：今天我们就来学习——平行四边形的认识。

设计意图：从认知经验出发，抽象生活中的平行四边形。

本节课是建立在学生初步认识平行四边形的基础上，进一步探讨平行四边形的特征，因而，教学时要十分关注学生的认知经验。因为学生在低年级的"认图形"中，已初步感知了平行四边形的形状，看到某一个平面图形，学生就能直观地从图形的形状上去辨别是不是平行四边形，这是学生所积累的对平行四边形已有的认知经验。

（二）动手操作，自主探究

1. 平行四边形的意义

（1）找一找：生活中你见过平行四边形吗？在哪儿见过，能给大家说一说吗？

①学生尝试举例。

②教学助手课件出示生活中与平行四边形有关的实例。

a.引导学生找一找、说一说课件实例中的平行四边形。

b.课件呈现：下面的各图中都有平行四边形。

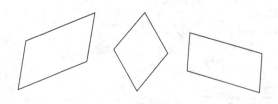

（2）观察猜想，合作探究平行四边形的特点。

①师：我们把刚才找到的平行四边形放在一起来观察一下，谁能说一说它们有哪些共同的特点？

预设：对边相等、对角相等。

② 小组合作验证：平行四边形是否具有这样的特征呢？你们可以两人一组（小对子）合作探究。

学生小组合作，利用三角板、直尺等学具研究平行四边形的特征。

③ 小组汇报交流：

预设：用量一量和旋转的方法发现平行四边形两组对边分别相等、对角相等。（运用教育云中教学助手中的展台进行展示交流）

④ 小组创新合作验证：平行四边形除了对边相等、对角相等是否具有对边平行这样的特征呢？继续两人一组（小对子）合作探究。

小组拓展汇报交流：

小对子1：画一画。分别在对边之间画垂线段，经过测量发现垂线段的长度都一样。说明平行四边形的两组对边分别平行（运用教育云中教学助手中的展台进行展示交流）。

小对子2：把平行四边形的两组对边无限延长，它们不相交，说明平行四边形的两组对边分别平行。（运用教育云中教学助手中的展台进行展示交流）

（3）总结概括平行四边形的意义。

① 刚才大家通过动手操作，量一量，画一画，验证了平行四边形的特点，谁能说说什么是平行四边形？

师：先小对子互相说一说，推荐一个你们组认为说得最好的说给大家听，让大家一听就能明白什么是平行四边形。

② 小结板书：两组对边分别平行的四边形叫作平行四边形。

（4）巩固平行四边形的概念。

师：现在，请同学们闭上眼睛想一想平行四边形什么样？想好了吗？下面三个图形中哪一个是平行四边形？

设计意图：从操作经验出发，建构数学中的平行四边形。

针对如何把生活中平行四边形的认知经验有效地迁移到数学里面的平行四边形概念上来，本节课教师给每位学生都下发了学讲稿，上面画有三个规则的平行四边形的作业纸。第一个环节中让学生猜想平行四边形有什么特征？学生观察三个平行四边形后，通过教师的引导，学生猜出了平行四边形的特征。接下来，学生小组自主探究活动通过量一量、看一看、议一议的几个步骤动手操作去研究平行四边形的特征，去验证猜想是否正确。通过讨论，学生亲身体验参与到研究平行四边形的特征的活动中去。

2. 认识平行四边形的底和高

（1）自学探究课本第64页，思考：什么是平行四边形的高和底？

刚才同学们证明平行四边形对边平行的特点时用到了平行线的性质。这条垂直线段就是平行四边形的高。说一说什么是平行四边形的高？

小结：从平行四边形一条边上的一点向对边引一条垂线，这点到垂足之间的距离就是平行四边形的一条高。垂足所在的边就是底。

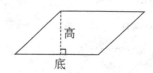

（2）画一画，画出学具里平行四边形的高，并标上垂足。

（3）还以这条边为底，还能再画一条高吗？可以作多少条高？这些高长度相等吗？为什么？

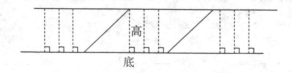

（4）练习：下面两幅图都是平行四边形的高吗？为什么？（课件出示）

设计意图：为了让学生深度认识平行四边形，教学时还要关注学生的情感经验。因为在课堂上，学生不会满足于平行四边形的特征。为了满足学生的求知欲望及情感需求，并有效地引领学生怎样去作平行四边形的高，有错误之处教师放到教学助手的展台上去指出错误，加深理解与运用。

（三）巩固练习，强化认知

（运用教育云中教学助手进行播放）

1. 第64页做一做：先找出平行四边形，再画出它的高。指指高垂直哪条边？

2. 选择题。（课件出示）

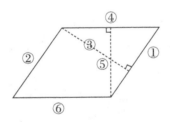

上图中相对应的底和高是（ _____ , _____ ）。

A. ①和⑥　　　B. ④和⑤　　　C. ②和④　　　D. ①和③

3. 说说下图平行四边形的底和高分别是多少厘米？（每个方格边长为1厘米）

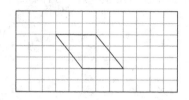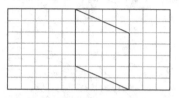

（四）巩固应用

（1）第67页1题：动手操作，交流发现？（小组内交流）

（2）第67页2题：画一画。独立完成后同桌互相检查。

（五）课堂总结

今天这节课我们学习了哪些知识？你有什么收获？

（六）板书设计

认识平行四边形

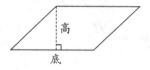

两组对边分别平行的四边形叫作平行四边形。

（对边平行，对边相等，容易变形）

五、课后反思

史宁中教授指出：过去，信息技术主要用来辅助教师教学，当教学目标转向强调"过程与方法"后，对于如何让学生更好地在学习过程中去参与、体验和感悟，信息技术有着巨大的应用空间。教师可以根据课程内容使用信息技术创设一个非常合适的情景，吸引学生参与到教学活动中。在这个情境中，学生是可以动手操作的，学生能够通过操作进行思考或通过思考进行操作，进而逐渐积累起思维的经验和做事的经验。这对培养学生学会思考和积累经验来说非常重要。从这个意义上讲，信息技术正在从辅助走向主流，并会与教学深度融合。

因此，本节课通过教师的合理设计，教学助手中媒体运用和资源情境的引入，突出了信息技术与课堂教学的融合应用。在整节课堂中，突出了学生的主体性和教师的引导性，教学互动有效合理，进一步体现"互联网+教育"融合应用，注重了数学学科素养。整堂课，通过猜想—验证—总结这几个步骤去让学生了解。掌握平行四边形的特征，学生通过自主探究与学习，然后验证平行四边形的特征，最后总结都是学生完成的，使学生体验到了成功的喜悦，体现了"互联网+教育"的融合应用，推动了教学方式的变革。

附：平行四边形的认识学讲稿

班级： 　　　　姓名：＿＿＿＿＿＿　　　家长签字：＿＿＿＿＿＿

【预习内容】第64页的内容。

【预习重点】认识什么叫平行四边形，平行四边形的底和高。

【预习难点】正确测量和画出平行四边形的底和高。

【预习过程】

一、旧知铺垫

1.找出下面哪一组是平行线。（　　　）

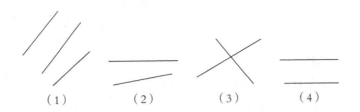

（1）　　　　（2）　　　　（3）　　　　（4）

2.哪一组直线a的垂线画得是正确的。（　　　）

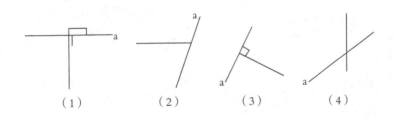

（1）　　　　（2）　　　　（3）　　　　（4）

3.说出下面四边形的名称。

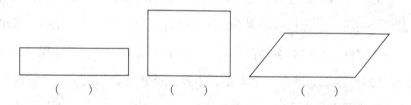

( )　　　　　　　( )　　　　　　　( )

二、新知分解

请同学们认真预习第64页的内容，完成以下思考题。

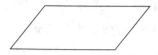

1.平行四边形对边不但（　　　），而且（　　　），对角（　　　）。

2.利用三角板、直尺、量角器验证并交流汇报给父母听。第二天继续和同学交流。

3.下面哪些图形是平行四边形？画出每个平行四边形的高。

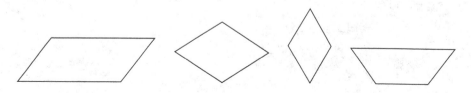

三、知识梳理

1.什么叫平行四边形？

2.平行四边形的特点？

3.如何画平行四边形的高？

动手操作　让学生自主学习

——《圆的周长》教学设计

一、教学内容

人教版数学六年级上册第60～62页内容。

二、学情分析

这部分内容是学生在三年级上册学习了周长的一般概念以及长方形、正方形周长计算，并初步认识了圆的基础上进行教学的。它是学生初步研究曲线图形的基本方法的开始，也是后面学习圆的面积以及今后学习圆柱、圆锥等知识的基础，是小学几何初步知识教学中的一项重要内容。通过本节课的学习，进一步培养学生动手实践、团结协作、解决问题的能力，并使学生从中受到爱国主义教育。

三、教学目标

（1）使学生认识圆的周长，初步掌握圆周率的意义和近似值，理解和掌握圆周长的推导过程，能正确地计算圆的周长。

（2）培养和发展学生的空间观念，培养学生的抽象能力、概括能力和解决简单问题的能力，培养学生的合作意识。

（3）对学生进行爱国主义教育。

第四章　教学实践

四、教学重难点

重点：理解和掌握圆的周长的推导过程和计算公式。

难点：发现圆的周长与直径的关系，理解圆周率的意义。

五、教学方法

合作交流法、自主探索法、情境教学法。

六、教学准备

绳子、小圆形片、20厘米直尺、计算器、学讲稿。

七、教学过程

（一）创设情境，引入新课

师：同学们，上节课我们认识了圆，谁能说说什么是圆心？圆的半径？圆的直径？在同圆或等圆中圆的半径和直径有什么关系？用字母怎样表示？

师：我们一起来闯关学讲稿中的判断题和选择题。（见学讲稿）

师：你们知道吗？老师特喜欢运动，每天早上都要绕着圆形（出示圆形并贴在黑板上）跑道跑步，我想知道我跑一圈的长度是多少米？你们知道这是在求什么吗？（圆的周长）

师：这节课我们就一起来学习圆的周长。师板书：圆的周长。

关于圆的周长，你想探究什么问题？

预设：什么是圆的周长？圆的周长和什么有关系？如何求圆的周长？生活中圆的周长运用都有哪些？

师：你们的问题很有价值，会提问的孩子就是聪明的孩子。

设计意图：学生的学习兴趣，对新知识的探究起着至关重要的作用，本课伊始，我通过创设情境，提出问题"我跑一圈的长度是多少米？你们知道这是在求什么吗？"以此来激发学生的兴趣及强烈的求知欲，使学生以最佳的状态投入到新知识的探究中。

（二）探究新知，掌握方法

1. 感知圆的周长

那什么是圆的周长呢？请一位同学到黑板上来描描，请大家仔细观察，他是从哪儿开始，到哪儿结束的？一生描，师请一生说。

生小结：圆这一周的长度就叫作圆的周长。

2. 测量圆的周长

师：现在知道的圆的周长，你能量出圆的周长吗？

师：如果老师提供尺子、绳子这些工具，你能量出你手中这个圆片的周长吗？小对子合作，根据学讲稿中的素材量出生活中你的圆的周长。（师贴好米尺，并巡视进行指导）

师：哪一组小对子来给大家演示你们小组的方法，汇报你们的成果。

小对子A组：

缠绕法：先按住绳子的一端，绕圆一周绕到接头处，在绳子上做好记号，量出绳子的长度就得到了圆的周长。

小对子B组：

滚动法：先在圆片上做好记号，把做好记号的地方对着零刻度线，把圆沿着直尺滚动一周，就得到了圆的周长。

设计意图：让学生明白除了可以用"绕"的方法，还可以用"滚"的方法测量圆的周长，体验解决问题的多样性。

小对子C组：

圆的周长原来是一条曲线，我们都是把它转化成了一条可以直接测量的线段，其实这蕴含了一种重要的数学思想，化曲为直。

教师板书：化曲为直。

3. 创设设疑

师：同学们都知道，咱们的新教学楼刚修建了一个巨大的圆形花坛，你还会选择这两种方法测量它的周长吗？为什么？

191

师：看来测量的方法有时不方便，那有没有别的办法可以知道圆的周长呢？（通过计算）

4. 猜测实验

师：要想知道圆的周长的计算方法，我们得知道圆的周长与什么有关？请同学们大胆地猜一猜，圆的周长可能与什么有关？

预设：直径、半径，你是怎样想的？

师：圆的周长确实与它的直径或半径有关，到底是一种怎样的关系呢？相信同学们经过自己的实验探索，一定会找出答案的。

5. 实验操作

小对子合作根据学讲稿中的实验表进行合作学习，量出实物圆的周长和直径，借助计算器算出周长是直径的几倍。

（要求：小对子合作，一人测量，一人在记录表上做好记录并计算）

6. 成果汇报

请愿意的小对子汇报小组实验的有关数据。

师：通过对1元硬币、半径4厘米的圆、直径6厘米的圆的周长测量与计算，对比你们的实验数据，你们发现了什么？

生：3倍多一些？

师：谁是谁的3倍多一些？

生：所量圆形周长是直径的3倍多一些。

设计意图：依据学生的认知规律，教师引导学生进行大量的观察、测量、统计等实践活动，学生的认知丰富了，结论的得出水到渠成。学生在经历了不完全归纳推理的过程中提高了推理能力。教学过程中，还有效地渗透了化曲为直思想和统计思想。

师小结：数学家经过精密地测量和计算，发现圆的周长和直径的倍数是一个固定的数，它是3.1415926……，它是一个无限不循环小数，为什么我们的结果和它不一样呢？那是因为我们在操作时测量不精确，存在着误差，所以结果和数学家不一样。3.1415926……这个固定的数我们把它叫作圆周率,用字母π表示。

7. 自学祖冲之

师:关于圆周率,有一个课外小知识。在1500年前,中国伟大的数学家祖冲之就算出圆周率应在3.1415926和3.1415927之间,是世界上第一个把圆周率的值精确到7位小数的人,他的这项伟大成就比国外至少要早1000年。π是一个无限不循环小数,在实际应用中我们一般取它的近似值π≈3.14。3倍多一些,你现在知道是3倍多多少了吗?(0.1415926……)。看来这样表达不方便,我们可以直接说成:圆的周长是直径的π倍。

师:学完这些,你有什么想说的?

8. 推导公式

师:我们班的同学非常了不起,发现了圆周长与直径的关系,相信你们一定能根据这个发现找到圆周长的计算方法。学生小对子继续自主探究交流。

汇报:圆的周长=直径×圆周率

用字母表示:$C=\pi d$或$C=2\pi r$。

设计意图:在发展学生的空间观念的同时,进一步培养学生合作的意识、抽象能力、概括能力和解决简单实际问题的能力,并使学生从中受到爱国主义教育。

(三)练习深化

挑战第一关:牛刀小试。

1. 计算下面各圆的周长

① d=8厘米;② r=3分米。

挑战第二关:初露锋芒。

2. 一辆小轿车轮胎直径大约是0.5米,如果平均每分钟转动400圈,小轿车每分钟前进大约多少米?

挑战第三关:辨别真假。

3. 路上有一辆自行车且自行车轮胎转动一圈的长度是157厘米,小明的自行车轮胎的直径是40厘米,小芳的自行车轮胎的半径是25厘米,请你

第四章 教学实践

辨别这到底是谁的自行车?

设计意图:通过学生动手、动脑、动口,自主地探究知识,发现已知直径(半径)求圆周长的方法,并通过一定的基本训练后学生已经形成了一定技能,如何再让这些数学知识回到生活,使学生感到所学的数学知识有用呢?通过设计三个不同层次的练习,让学生感到"有想头"去讨论这些问题,解决这些问题,可以点燃学生的创新意识。

(四)课堂小结

这节课你的能力得到了什么提高?品质得到了什么锻炼?

八、板书设计

圆的周长

测量方法:缠绕法　滚动法　化曲为直

周长与直径的比值=圆周率

圆的周长=直径×圆周率

$C=\pi d$　　$C=2\pi r$

九、课后反思

通过教学片段的进行,让学生经历过程,亲身经历才是数学文化落地的根本,因此教师充分借助学生已有的经验和知识基础,引导学生用实验法自主探究周长和直径的关系,引导学生做研究,由问题—方法—结论的数学问题研究的全过程,渗透简单的数学研究的基本方法,让自主合作学习真正体现以"学"为中心。

附:《圆的周长》学讲稿

教学内容:第60~62页的内容及练习十四1~4题。

前置测评:

1.判断题。

(1)在同一个圆内可以画1000条直径。(　　　)

（2）所有的圆的半径都相等。（　　　）

（3）等圆的直径都相等。（　　　）

（4）两端都在圆上的线段叫作直径。（　　　）

2. 选择题。

（1）画圆时，圆规两脚间的距离是（　　　）。

A. 半径长度　　　　　　B. 直径长度

（2）从圆心到（　　　）任意一点的线段，叫半径。

A. 圆心　　　　　　B. 圆外　　　　　　C. 圆上

（3）通过圆心并且两端都在圆上的（　　　）叫直径。

A. 直径　　　　　　B. 线段　　　　　　C. 射线

预习新课：

1. 通过预习你知道什么叫圆的周长。

（　　　　　　　　　　　　　　　　　　　　　　　）。

2. 通过预习你知道测量圆的方法有（　　　　　　）；（　　　　　　）。

3. 实验操作

物品名称	周长（厘米）	直径（厘米）	周长与直径的比值（得数保留两位小数）
1元硬币			
半径4厘米的圆			
直径6厘米的瓶盖			

小结：通过动手操作你发现了什么？

巩固练习：

1. 求下面各圆的周长。（只列式不计算）

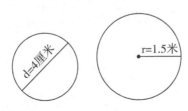

 左圆标注 d=4厘米，右圆标注 r=1.5米

2. 判断辨析。

（1）π=3.14 （　　　）

（2）只要知道圆的直径或者半径，就可以知道圆的周长。（　　　）

（3）大圆的圆周率比小圆的圆周率大。（　　　）

3. 汽车轮胎的半径是0.3米，它滚动1圈前进多少米？滚动1000圈前进多少米？

基于大单元下《除数是两位数的除法》的整体教学设计与实施

科目：四年级上册数学。

名称：人教版四年级上册第六单元《除数是两位数的除法》的灵活试商

一、单元主题及要求

本次授课内容的主题是"数与运算"，它的内涵是：数是对数量的抽象，数的运算重点在于理解算理、掌握算法，数与运算之间有密切的联系，在除法运算中，该联系可以表现为利用被除数和除数之间的关系求商。学生经历由数量到数的形成过程，初步体会数是对数量的抽象，感悟数的概念本质上的一致性（商不变的性质），形成数感和符号意识；感悟数的运算及运算之间的关系，体会数的运算本质上的一致性（本单元除数是两位数的除法与三年级学习的除数是一位数的笔算除法基本方法一致，如除的顺序、商的书写位置、余数必须比除数小、高位除等），形成运算能力和推理意识。具体到这一单元：除数是两位数的除法这一单元是以除数是一位数的除法的计算方法为基础，掌握两位数、三位数除以两位数，使学生感悟从未知到已知的转化，能计算两位数、三位数除以两位数，引导学生迁移运用，构建完善的运算体系，提高运算能力。

第四章 教学实践

二、单元教材分析

除数是两位数的除法，是小学生学习整数除法的最后阶段，它是在学生学习了多位数除以一位数的除法的基础上进行教学的。它又是小学生今后学习小数除法最重要的知识基础。学好这部分内容，对今后学习小数除法具有非常重要的作用。本单元的编排很有特点，从口算、估算到笔算，从整十数除整十数、几百几十的数到两位数除三位数，除数接近整十数到不接近，商是一位数到两位数，共安排了9个例题，由易到难，环环相扣，层层递进，就是为了突破试商这个难点。学生在前面学习除数是一位数的笔算除法时，已经掌握了笔算除法的基本方法，除数是两位数，除法的计算原理与除数是一位数的除法相同，只是试商的难度加大了，再用一位数除时，利用乘法口诀就可以求出一位恰当的商，而在用两位数除的过程中，计算过程就比较复杂，有时需要试两三次才能求出一位恰当的商。因此，学习除数是两位数除法的关键是，要引导学生掌握试商的方法，从而突破本单元的难点，从商是一位数迁移到两位数。其他的3个例题是商不变的性质及商的变化规律，既承接了积的变化规律的学习经验，也是后面要学习的分数的基本性质和比的基本性质的基础，商不变的性质在小数除法、简便运算中也发挥着重要作用。

三、关键内容

教材按试商的难易，先教学用"四舍"法把除数看作整十数来试商，再教学用"五入"法把除数看作整十数来试商。让学生边算，边用准确商与估算结果相比较，从比较中明白：估算的结果与准确数算的结果很接近，从而逐步形成估算。教材编排的目的就是突破试商这个难点，因此试商的方法是本单元的种子内容，且试商贯穿例1到例5，而例5就是灵活试商，因此，例5在本单元具有承上启下的作用，如果学生学不会试商的方法，就很难理解算理和掌握运算，从而直接影响到后面小数的除法和整数、小数、分数混合运算的学习。商不变的性质及商的变化规律也是一节种子课，在教学中要重视积的变化规律的知识迁移，引导学生有序思考，归纳推理，方法总结，本节课要为后面学习的分数的基本性质和比的基本性质打下坚实的基础。如果学生理解不清，掌握不牢，无法进行知识的迁移，后面的学习就很吃力，就会出现断层现象。同时，商不变的性质及商的变化规律在小数除法、简便运算和解方程中发挥着重要作用。种子课要把它上成可供迁移、可供生长的关键课，把知识的种子埋在学生心里，让它生根发芽，并能生长，从而在学生心中构建一个完整的知识体系。

四、核心概念

本单元的核心要点有两个：一是运算正确，不但要理解算理，还要做到使算法合理。例如，在理解除数是整十数的口算除法，掌握除数是整十数，商是一位数口算方法的时候，首先要循理入法，以理驭法，比如说80除以20是以"十"为单位，即转化为8除以2，以8个十除以2个十为算理的，理解首先是基于计数单位，承接已有除法经验，接下来是利用好本单元中以形助数的教学。第二小节，在笔算除法时，学生已经历独立思考、自主探究、合作交流、反复比较、归纳表达等学习过程，那么我们在教学时要注意提炼方法：一看。除数是两位数，就看被除数的前两位，不够除就看前三位。二定。把商定在被除数的个位上，画个小圆点。三想。用几个十除以几个十，看高位用几除以几。四比。余数要比除数小。最后对试商的流程形成整体的理解：用接近除数的整十数估商—与原除数相乘检验—合适定商，不合适调整再试。二是良好习惯的养成。学生通过具体计算，养成先观察思考再计算的习惯，并能根据数式特点，合理、简洁、正确地计算，从而培养计算策略的"灵活性"和"创造性"，发展运算能力。

推理意识：由除数是一位数的除法的运算中学生掌握了书写与算理，类比迁移到了除数是两位数的除法中的试商，在进一步的梳理归纳中，学生总结出了法则，形成了模型。有了模型后，教材在小学阶段再没有出现除数是三位数的除法。

数感：加大了估算意识的训练，让学生能根据除法算式的特点，作出合理判断。这样做既可以让学生掌握一般的试商方法，又能对算式灵活处理，如"同头"无除商8、9，"除数折半"商4、5等方法，掌握算式的特点，自然就提高了速度。

情感态度：学生充分利用已有的知识和经验，通过计算、比较、观察，由一般到特殊多次调商试商，组织交流，给学生提供展示研究成果的机会，让学生用数学语言表达数学结论，体会成功的喜悦，建立学习的自信心。当然本单元还有商的变化规律中的常量变量，承接的是积的变化规律的学习经验，也是后面要学习的分数的基本性质和比的基本性质的基础，在小数除法、简便运算中更发挥着重要作用。

五、单元教学目标

（一）根据数学课程理念确立核心素养导向的课程目标和课程总目标

义务教育数学课程应使学生通过数学的学习，形成和发展面向未来社会和个人发展所需要的核心素养。数学核心素养是在数学学习过程中逐渐形成和发展的，不同学段发展水平不同，是制订课程目标的基本依据，课程目标以学生发展为本，以核心素养为导向，进一步强调学生获得数学基础知识、基本技能、基本思想和基本活动经验，发展运用数学知识与方法发现、提出、分析和解决问题的能力，形成正确的情感、态度和价值观。通过义务教育阶段的数学学习，学生逐步会用数学的眼光观察现实世界，会用数学的思维思考现实世界，会用数学的语言描述现实世界。旨在使学生能：①获得适应未来生活和进一步发展所必需的数学基础知识、基本技能、基本思想、基本活动经验。②体会数学知识之间、数学与其他学科之间、数学与生活之间的联系，在探索真实情境所蕴含的关系中，发现问题和提出问题，运用数学和其他学科的知识与方法分析问题和解决问题。

③对数学具有好奇心和求知欲，了解数学的价值，欣赏数学美，提高学习数学的兴趣，建立学好数学的信心，养成良好的数学学习习惯，形成质疑问难、自我反思和勇于探索的科学精神。

（二）第二学段目标

认识自然数，经历小数和分数的形成过程，初步认识小数和分数；能进行较复杂的整数四则运算和简单的小数、分数的加减运算，理解运算律；形成数感、运算能力和初步的推理意识。认识常见的平面图形，经历平面图形的周长和面积的测量过程，探索长方形周长和面积的计算方法；了解图形的平移、旋转和轴对称；形成量感、空间观念和初步的几何直观。经历简单的数据收集过程，了解数据收集、整理和呈现的简单方法；理解平均数的意义，会用平均数解决问题；形成初步的数据意识。在主题活动中进一步认识时间单位和方向，认识质量单位，尝试应用数学和其他学科知识与方法解决问题，积累数学活动经验，形成量感、推理意识和应用意识。尝试从日常生活中发现和提出数学问题，探索分析和解决问题的运用方法，经历独立思考并与他人合作交流解决问题的过程，会用常见的题和数量关系和其他学科的知识与方法解决问题，能初步判断结果的合理性；形成初步的模型意识、几何直观和应用意识。愿意了解日常生活中与数学相关的信息，愿意参与数学学习活动。在他人的鼓励和引导下，体验克服困难、解决问题的成就，体会数学的作用，体验数学的美。在学习活动中能提出自己的想法、在与他人交流的过程中，敢于质疑和反思。

（三）本册第六单元《除数是两位数的除法》的内容安排及其特点

除数是两位数的除法，是小学生学习整数除法的最后阶段，它是在学生学习了除数是一位数的除法的基础上进行教学的。学生在学习除数是一位数的笔算除法时，已经掌握了除法的基本方法，如除的顺序、商的书写位置、余数必须比除数小等。除数是两位数的除法的计算原理与除数是一位数的除法相同，只是试商的难度加大。在用一位数除时，利用乘法口诀就可以求出一位恰当的商。在用两位数除的过程中，要确定一位商是几，不仅和除数十位上的数有关，而且还和除数个位上的数有关，计算过程比较复杂，有时需要试两三次才能求出一位恰当的商。本单元主要内容有口算除法和笔算除法，教材内容编排时注重层次性，通过阶段式的总结性结论展示计算的思路，使学生经历探索、发现、总结计算方法的过程，培养学生灵活解决问题的意识和能力。

六、本课教学目标

（1）使学生会口算整十数除整十数、几百几十的数（商一位数）。

（2）使学生掌握两、三位数除以两位数的计算方法。

（3）使学生经历计算、观察、比较、独立思考的探索过程，了解商的变化规律，能灵活运用商的变化规律进行简便计算。

（4）使学生能够运用所学的知识解决简单的实际问题，感受数学在生活中的作用。

七、本课教学重难点

重点：①了解商的变化规律。②采用灵活试商的方法进行试商计算。除数是两位数的除法的计算原理与除数是一位数的除法的计算原理相同，只是试商的难度加大。在试商过程中，教师要组织引导学生探索发展学生核心素养的路径。重视试商结果的形成过程，处理好过程与结果的关系；重视试商内容的直观表述，处理好直观与抽象的关系；重视学生直接经验的形成，处理好直接经验与间接经验的关系。

难点：学习该内容的关键是引导学生掌握试商的方法，采用灵活试商的方法进行试商计算。

八、课时单元划分

分为17课时进行教学。

九、本课过关设计

训练设计根据本单元的教学重难点，合理、有针对性地设计练习，设计练习时注重考查基本知识和基本技能，提高学生基本的数学素养，在设计练习时要形式多样，设计层次不同的练习题，既让学生巩固所学内容，又让学生体会数学知识与生活的紧密联系，促进学生分析问题、解决问题能力的提高。我们从以下三个方面进行设计：

（一）基础巩固类

部分设计体现基础性、目的性、典型性，针对本单元的学习内容设计一些合理的练习题来强化学生对新知的理解和巩固，让大多数学生都能完成获得成功的喜悦。比如，本单元注重算理的理解，可以设计以下练习：

有172本故事书，每个班分12本，可以分给多少个班？下面是学生计算的竖式（如图），竖式中箭头所指的数表示的意思是（　　　　）

先分掉12本　　　先分掉120本　　　每班分到12本　　　每班分成120本

$$
\begin{array}{r}
14 \\
12\overline{\smash{)}172} \\
\underline{12} \longleftarrow \\
52 \\
\underline{48} \\
4
\end{array}
$$

在设计练习时，教师更关注推理的元素，让学生联系生活来思考过程，从而使学生能够结合情境，理解算理，同时培养学生的推理能力。还可以设计一些口算、估算和基本的笔算题，进行基础巩固。

（二）能力提升类

这类练习题目灵活，开放有度，注重学生的思维训练，调动学生学习的自觉性和积极性，增进学生对数学的情感，针对本单元内容，我们可以设计以下练习（先思考用什么方法来试商再计算）：

（1）940÷31=（　　　　）。（这个可以用四舍五入法，把除数看成整十数）

（2）235÷24=（　　　）（同头无除商八九）。

（3）123÷24=（　　　）（除数折半估商五）。

（4）167÷24=（　　　）（看成几十五试商）。

通过本题练习，使学生灵活运用试商技巧，提高学生计算的速度和准确率。

（三）拓展提升类

拓展提升题有助于巩固所学知识，提高学生的思维能力，培养学生综合运用知识的能力，并有助于拓展学生的思维，激发学生的学习兴趣。设计这类练习的目的是为学有余力的学生提供一个展示的平台，如本单元可以设计以下练习（根据课本82页第四题改编）：

$$28\overline{)14\square}\qquad 72\overline{)36\square}\qquad 48\overline{)24\square}$$

让学生根据被除数和除数的特点，快速判断三道除法竖式的商是多少，并根据本类题目学生自编除法算式，本题让学生观察除数与被除数之间的关系，从特殊的数字间发现计算的规律，培养学生观察、分析和归纳的能力，为合理推理打下基础。

操作　体验　比较

——《梯形的面积》教学设计

一、教学内容

人教版数学五年级上册第93～94页及练习二十一第2、3、4题。

二、学情分析

五年级学生已经具备了善于独立思考，语言表达能力较强，愿意发表独立见解等数学学习能力了，他们在已经掌握了梯形的特征和长方形、平行四边形以及三角形的面积的计算方法的过程中，知道了拼摆、分割、割补的基本操作方法，也理解了数学的"转化"思想。这为本节课的学习奠定了坚实的基础。学生对梯形面积计算公式的推导有一定的困难。用梯形转化成已学过的图形的方法来求面积是一个难点，需要学生在探索活动中，渐进地进行操作与观察，从而使学生进一步理解平面图形之间的转换关系，发展空间。

三、教学目标

（1）在平行四边形、三角形的面积等计算公式推导的基础上，引导学生采用合作探究的形式，概括出梯形面积计算公式。正确、较熟练地运用公式计算梯形面积，并能解决一些生活中的实际问题，提高学生发现问题、分析问题、解决问题的能力。

（2）通过自主探究，小组合作，在操作、观察、比较中，培养学生的想象力、思考力，进一步发展学生的空间观念。

（3）渗透数学迁移、转化思想，让学生感受数学与生活的紧密联系，提高学生学习数学的兴趣。

四、教学重难点

重点：理解并掌握梯形的面积公式，会计算梯形的面积。

难点：自主探究梯形的面积公式。

五、教学准备

师：多媒体、完全一样的梯形若干个。

生：剪刀、两个完全一样的梯形纸片（如等腰梯形、直角梯形等）、练习本。

六、教学过程

（一）复习导入（5分钟）

导入：这一单元我们已经学习了一些图形的面积计算，我们先来回顾一下（出示学讲稿）。

学生回忆学讲稿中图形的面积的计算方法是怎么推导出来的。

其实刚才我们经历了这样四个过程来推导面积，转化—联系—推理—公式（板书）。

设计意图：通过复习来引入新课，并提出推导面积公式的思维过程，体现数学的逻辑性。

揭题：生活中的图形除了三角形和平行四边形外，还有梯形，这节课我们就来研究梯形的面积计算公式。（板书课题：梯形的面积）

（二）互动新授

1．出示第93页情境图。引导学生观察：车窗玻璃是什么形状的？（梯形）

思考：怎样求出它的面积呢？你能用学过的方法推导出梯形的面积计算公式吗？

活动一：

（1）小对子讨论，出示讨论要求（1分钟强调，3分钟讨论）。

（2）让学生利用梯形学具验证自己的猜测。（5分钟展示）

（3）学生交流汇报推导过程，请学生用黑板边演示边讲解。

梯形面积计算的公式推导有多种方法，学生可能会这样做：请一组小对子讲解。

小对子A：

①用两个一样的梯形拼成一个平行四边形，这个平行四边形的底等于梯形的（上底+下底），这个平行四边形的高等于梯形的高。因为每个梯形的面积等于拼成的平行四边形面积的一半，所以梯形的面积=（上底+下底）×高÷2。

出示推导过程：

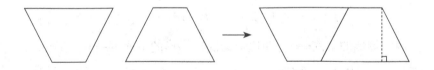

质疑：为什么除以2？

②一名学生演示如何转化。

③找一名学生说一说平行四边形和这两个完全一样的梯形有什么联系。

④找一名学生说一说怎样推理。

⑤和小对子再来说一说这个过程。

⑥做题总结梳理，强调重点。

小对子B：

① 让学生利用一个梯形学具验证自己的猜测。交流汇报自己的推导过程，请学生用黑板边演示边讲解。（5分钟展示）

② 把一个梯形剪成两个三角形。

梯形的面积=三角形1的面积+三角形2的面积

$\qquad$=梯形上底×高÷2+梯形下底×高÷2

$\qquad$=（梯形上底+梯形下底）×高÷2

出示推导过程：

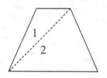

小对子C：

把一个梯形剪成一个平行四边形和一个三角形。

梯形的面积=平行四边形面积+三角形面积

$\qquad$=平行四边形的底×高+三角形的底×高÷2

$\qquad$=（平行四边形的底+三角形的底÷2）×高

$\qquad$=（平行四边形的底×2+三角形的底÷2×2）×高÷2

$\qquad$=（平行四边形的底+平行四边形的底+三角形的底）×高÷2

因为梯形的上底=平行四边形的底，梯形的下底=平行四边形的底+三角形的底，所以梯形的面积=（上底+下底）×高÷2。

小结：大家都是把梯形转化成我们学过的图形，推导出它的面积计算方法，无论使用哪种方法我们都可以推导出梯形的面积计算公式。

板书：梯形的面积=（上底+下底）×高÷2

用字母表示：$S=（a+b）×h÷2$

设计意图：创设学生熟悉的活动情景，引发学生自觉参与活动的积极性，使知识过程寓于丰富、有趣的活动中，激发学生的探索意识。在活动中培养学生的观察能力。

2.教学第94页例3。

探究了这么多，老师想提出一个生活中的问题，你们知道什么是横截面吗？（出示学生视频）

同学们在生活中发现了这么多物品的横截面，都成了探究家了，真棒。

老师这里有一个三峡大坝的横截面（出示例3情境图），你能利用所学的知识计算一下这个梯形的面积吗？

让学生尝试计算，并交流汇报。

根据学生的汇报，板书计算过程。（见板书设计）

设计意图：主观形象地展示例题，不仅能突出重点，而且可以增强学生的记忆力，突出了重点，这样学生易接受新知识。

（三）巩固拓展

（1）和小对子说一说学讲稿中的第二题。

设计意图：体现学生预习能力和自主探究能力。

（2）完成第94页"做一做"。先说一说这是一个什么图形，并对该图形进行分析。

设计意图：学生可以把该图形看成一个大梯形，梯形的上底是（40+45）cm，下底是（71+65）cm，高是40cm，也可以将该图形看成两个直角梯形，其中一个梯形的上底是40cm，下底是71cm，另一个梯形的上底是45cm，下底是65cm，高都是40cm，分别算出两个梯形的面积再加起来。

（3）完成第95页"练习二十一"第3题。

设计意图：本题需要先测量计算所需条件的长度，再利用梯形面积计算公式求面积。

（4）完成第95页"练习二十一"第4题。

设计意图：先让学生观察飞机模型的机翼是什么形状（是两个完全相同的梯形），再让学生说一说怎样求机翼的面积。求机翼的面积，可以先求出一个梯形的面积，再乘2，也可以根据梯形面积公式的推导经验，设想把两个梯形拼成一个底长（100+48）mm，高250mm的平行四边形，求出它的面积。

（四）课堂小结

师：这节课你学会了什么？有哪些收获？

设计意图：①在推导梯形的面积公式时，可以把梯形转化成我们学过的图形来推导。②梯形的面积=（上底+下底）×高÷2。③用字母表示梯形的面积公式：$S=(a+b)\times h\div 2$。

作业：第95页练习二十一第2题。

七、板书设计

梯形的面积

梯形的面积=（上底+下底）×高÷2

用字母表示：$S=(a+b)\times h\div 2$

例3：$S=(a+b)h\div 2$

$\qquad =(36+120)\times 135\div 2$

$\qquad =156\times 135\div 2$

$\qquad =10530（m^2）$

八、教学反思

"转化"思想是数学核心思想之一，解决数学问题的过程也就是一次次将未知转化成已知的过程，从旧知中引入，没有直接揭示转化的思想，让学生在复习交流汇报中对转化的思想进行感悟，要把旧知识转化成新知识，目的是为今天学习的新知识要用到的转化思想埋下伏笔。数学课程标准强调：要让学生经历积极思考、动手实践、合作交流的过程。在新课的"探"这一环节中，学生先试学、后小组交流，让学生运用丰富的学习材料，主动地、个性化地构建新知，充分调动了学生主动参与探究的意识和积极性。

附：《梯形的面积》学讲稿

班级：　　　　姓名：

一、复习

1. 已学过的图形的面积公式：

长方形的面积 = （　　　）× （　　　）

S = （　　　）× （　　　）

正方形的面积 = （　　　）× （　　　）

S = （　　　）× （　　　）

平行四边形的面积 = （　　　）× （　　　）

S = （　　　）× （　　　）

三角形的面积 = （　　　）× （　　　）

S = （　　　）× （　　　）

2. 我们用了（　　　）方法推导出平行四边形的面积公式。

我们用了（　　　）方法推导出三角形的面积公式。

二、研究学习（看第93、94页的内容）

1. 在平行四边形的面积和三角形的面积的基础上，你能推导出梯形的面积公式吗？（用虚线画出转化过程，尝试不同形状梯形的转化）

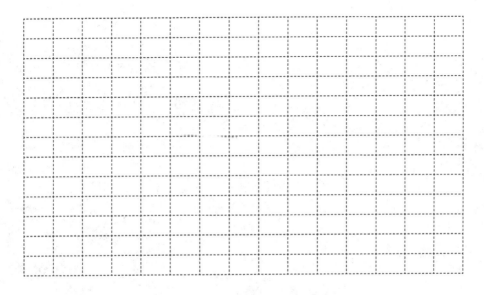

第四章　教学实践

211

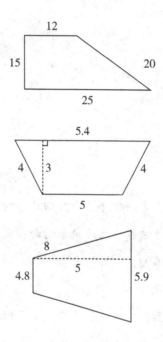

2. 观察转化前后的图形。

转化前后的图形有哪些对应关系？

三、巩固练习

1. 完成第94页例3。

2. 计算下面梯形的面积。（单位：米）

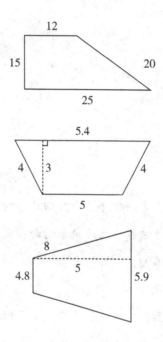

核心素养下建构数学概念

——分数的产生和意义设计

一、教学内容

人教版数学五年级下册第45、46页内容，第47页第1~3题。

二、学情分析

学生在三年级上学期的学习中，已经借助操作，直观、初步认识了分数，知道了分数各部分的名称，会读写简单的分数，并且知道把一个物体、一个计量单位平均分成若干份，表示其中的一份或几份，可以用分数来表示。本节课是在学生已有的知识基础上，由感性认识上升到理性认识，进一步对分数深入学习和探究，认识单位"1"，抽象概括出分数的意义，建立分数的概念，抽象分数的模型。

三、教学目标

（1）了解分数的产生，理解分数的意义。

（2）理解单位"1"的含义，认识分数单位，能说明一个分数中有几个分数单位。

（3）利用操作、讨论、交流等形式展开小组学习，渗透比较、数形结合等数学思想方法，培养学生的合作探究能力及抽象概括能力。

第四章 教学实践

四、教学重难点

重点：理解分数的意义。

难点：理解单位"1"，认识分数单位。

五、教学过程

（一）知识链接

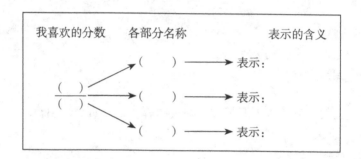

请画图表示你写的分数。

（二）自学质疑

（1）通过观看微课、自学课本第45页，了解分数的产生。

概括一下在我们的生活和学习中，分数是怎样产生的。

_____。

（2）你能用自己的方法对分数进行表示吗？试一试。（上传至云校家）

设计意图：借助微课与课本，了解分数的产生。培养学生独立探求知识的能力。

（三）课前检测

（1）展示 $\frac{1}{4}$，并说说这个分数可以怎样表示。（板书 $\frac{1}{4}$ 的含义）

（2）通过展示汇报，揭示将一个物体、一个计量单位、一些物体可看作一个整体。

（3）通过圈画、举例，说明在数学中，将一个整体用自然数1表示，叫作单位"1"。

过渡：老师手里有12块糖果，能不能用单位"1"表示，请用这个单位"1"创造 $\dfrac{\square}{4}$。

设计意图：通过学生的汇报展示，温习三年级对分数的初步学习，进而由一个物体、一个计量单位平均分过渡到将一些物体平均分，引出对单位"1"的认识。

（四）课上互学

探究活动1：表示 $\dfrac{\square}{4}$（预设8=3+5分钟）

看下图，先独立表示，再和同桌互相说一说你表示的 $\dfrac{\square}{4}$。

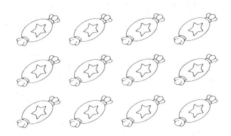

汇报展示：

（1）先展示两幅都表示 $\dfrac{2}{4}$，其中一幅作品没有圈出单位"1"，没有平均分。

（2）再展示 $\dfrac{3}{4}$、$\dfrac{4}{4}$。

（3）追问：这个 $\dfrac{4}{4}$ 还可以用谁来表示？原来它就是单位"1"。

（4）引导学生总结 $\dfrac{\square}{4}$ 的含义：把单位"1"平均分成4份，表示其中

215

的一份或几份的数是四分之几。

过渡：接下来，咱们继续分这堆糖果，请你用这个单位"1"创造 $\frac{□}{□}$。

设计意图：这个探究活动，让学生从分一个物体中脱离出来，建立将单位"1"进行平均分，且能够将单位"1"用圆圈圈出，且用虚线表示出平均分的过程。在课前表示 $\frac{1}{4}$ 的基础上，再次表示其他的四分之几，使学生深化对单位"1"的理解，初步构建分数的模型。

探究活动2：创造（预设10=4+6分钟）

合作要求：

（1）在学讲稿上独立创造并表示 $\frac{□}{□}$。

（2）组内说一说你是怎么表示的 $\frac{□}{□}$？

汇报展示：

（1）搜集作品，小组汇报。

（2）在上图中，还隐藏着其他分数吗？说一说。

（3）我看到还有创造几分之几的，是怎么表示的呢？谁来说一说？

（4）出示所有可能创造出的分数，揭示分数的概念。

（5）结合概念再来选择一个分数，说说它的含义。

（6）揭示分数单位。

设计意图：这个探究活动，让学生借助同一个单位"1"创造出四分之几的同时，灵活应用单位"1"，将它平均分成其他份数，进而创造出几分之几，并将分数的概念逐渐完善，从而揭示分数单位，既是对分数意义描述的具体化和深化，又为分数单位的学习提供基石。

探究活动3：分数模型 $\frac{m}{n}$（n≠0）（预计2分钟）

（1）引导学生借助字母表示数，尝试表示出所有的分数。

（2）突破分母不能为0。

（3）结合分数模型，揭示分数单位的模型。

设计意图：层层递进，从具体的分数中抽象出分数的一般表示形式，也将分数与除法的关系进行了铺垫。

（五）课堂小结

谁来说说你本节课的收获！

（六）课后练学

1. 女生人数占全班人数的 $\frac{3}{7}$，表示把（　　　）看作单位"1"，平均分成（　　　）份，（　　　）占其中的3份。

2. 如果这个长方形表示的是 $\frac{2}{5}$，你能想到单位"1"是什么样子吗？

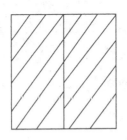

217

六、板书设计

分数的产生和意义

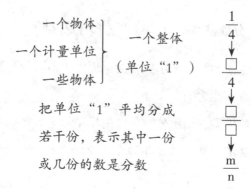

七、教学反思

数学概念的构建，是人们通过对生活中大量材料进行细致观察、思考，借助比较、分析、概括等思维过程，提炼抽取本质属性，保留数量或空间上的形式结构方面的活动过程，所以学生形成数学概念的过程就是一个数学化主动构建的过程。概念数学化的过程最为核心的思维过程是概括。在教学中，要重视单位"1"和分数单位这两个概念，这个知识点是完整分数概念的重要组成部分，而且它们本身又比较抽象，所以教学时应注意由具体到抽象，引导学生通过不断地分，不断地感悟，培养学生的思维意识，一并形成概念的过程，帮助学生在过程中获得感悟，建构分数意义概念。只有通过多层次的数学化建构过程，学生才能对概念的内涵、概念的本质有充分的认识。

附：《分数的产生和分数的意义》学讲稿

海原县第一小学　　　冯艳萍

一、课前导学

（一）知识链接

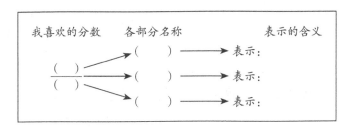

请画图表示你写的分数：

（二）自学质疑

1. 通过观看微课了解分数的产生。

2. 说一说在我们的生活和学习中，分数是怎样产生的。

_____。

3. 你能用自己的方法表示 $\frac{1}{4}$ 吗？试一试。（上传至云校家）

二、课上互学

探究活动1：请你在图中表示 $\frac{\square}{4}$。

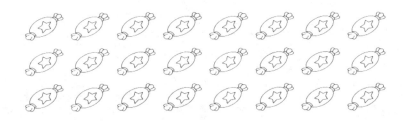

探究活动2：请你在图中创造 $\frac{\square}{4}$。

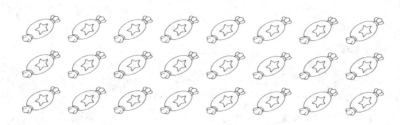

我创造的分数是_____

我表示的图中，还能找到的分数有_____

三、课后练学

1. 女生人数占全班人数的 $\frac{3}{7}$，表示把（　　）看作单位"1"，平均

分成（　　）份，（　　）占其中的3份。

2. 给分数找妈妈。（如果这个长方形表示的是 $\frac{2}{5}$，你能想到单位

"1"是什么样子吗？）

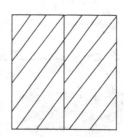

第五章

研修思考

新课程目标视角下的核心素养的重要性

——学习《核心素养导向的课堂教学》有感

　　"核心素养"越来越成为各类培训的"热频词"，以核心素养为纲的新课标对教学提出新要求、新挑战，这种要求和挑战不是零星的、局部的、简单的、表层的改变和调整，而是要在整个育人方式和人才培养模式上进行深刻的变革和创新。总的来说，以核心素养为纲的新课标呼唤以核心素养为导向的新型教学。为了更深刻地理解"核心素养"，我认真拜读学习了余文森教授的《核心素养导向的课堂教学》，这本书从"是什么"出发，对核心素养的概念、基本原理、形成机理、核心素养的教学观、六大基本教学策略进行了较为全面的论述，从"为什么"到"如何做"等角度对"核心素养"进行深入分析，在某种意义上，这本书对我对"核心素养"的概念建构有很大的帮助，使我受益匪浅。

一、明晰了核心素养的概念

　　我们经常听到"核心素养"的说法，但其确切含义对于我来说一直不太明确。教育部在关于深化课程改革、落实立德树人根本任务的说明中，明确将核心素养定义为"学生为适应社会和终身发展需要而必须具备的品格特征和关键能力"。关键能力是指"阅读能力""思考能力"和"表达能力"，而必要的品格是指"自制""尊重"和"责任"。换句话说，我们教学的最终方向是培养"三种能力"和"三种品格"。而这三种能力和三种品格不是由教师灌输的，而是在学习过程中由学生自己培养的。因此，教师要从以下三个方面去努力：一是让学生拥有自主学习的能力，掌握基本的科学文化知识；二是让学生懂得做人做事的道理；三是教会学生如何有效地进行自我实现。

二、以人为本，让育人方式有了质的变化

余文森教授在书中探讨了面向核心素养的教育观重建，指出以人为主，以人为中心，以人为出发点和落脚点进行学科教学，要充分体现并注重学科知识的特征、符合学科发展规律，而且要坚持把人的发展作为根本，服从和服务于人类个性自由和全面、健康发展。真正的教学不是教书，而是教人，那么教师在课堂上的关注中心就应是学生本身和学生的能力，而不是知识本身。我们要让学生的思维活跃起来、情感真挚起来、意志坚强起来，让学生有"自己的东西"，让学生把自己的人生价值体现出来，所以教师在课堂上要多做启发引导的工作。教学中教师是引领者，教师不仅要给学生提供学习内容，还要引导学生学会自己思考和寻找解决问题的方法、策略。教师在备课时需要将心比心，站在学生的角度思考问题，预设课堂上可能出现的困难，提前做好准备，同时也要具备良好的教育机制。

三、课堂要从知识本位走向核心素养本位

确立基于核心素养的教学目标并据此实施教学活动是深化教学改革、建立新型教学的基础和前提。该书提出，所有的教育都应该是指向人的，都应该注重教学生自主学习和自我发展，并培养学生的学习能力，少教多学，教学相长。只有学生积极参加的学习才是真正的学习，在真正的学习中学生会经历发现、调查、解决和生产的学习过程。数学教育的目的不仅是让学生获得系统的数学知识，更重要的是让学生获得数学思想和数学思

维，从而用数学的眼光看待现实世界，用数学的思维思考现实世界，用数学的语言表达现实世界。目前，许多学生因为旧的思维方式，不敢在课堂上发言或思考，只是在课后抄写。这是迫切需要改变的状况。课堂上的核心任务教学法是一种激发学生自主思考、合作探索和学习能力的方法。今后，我们可以在课堂中尝试设计核心任务，适时教学，有所发现，变教为学。

四、培养学生核心素养时要采用多种教学策略

在这本书里，培养学生核心素养的过程就是"让学生的生命得以涵养、心灵得以净化、情感得以陶冶、智慧得以启发、价值观得以形成"的过程，就是让学生的素养在课堂上生根，采取多种教学策略，促进学生全面发展。首先要设计培养学生兴趣的课堂，增强学生学习的自信心。可以创设教学情境，培养学生的学科兴趣，加强学科与生活的联系，使学生感知学科的有用性。还可以结合现代教学手段，增强学科的趣味性。通过联系生活创设的情境，我觉得这种方式是最能够让学生理解数学知识的最好方式，教学只有联系生活，走进生活，才能使人真正体验和理解知识的内在含义以及价值。其次设计学生自主探究、合作学习的课堂，提高学生学习的技能。可以营造和谐自主的课堂氛围，创造自主探究、合作学习的机会，注重适时给予课堂评价。最后设计培养学生良好的学习习惯的课堂，培养学生学科素养。陶行知说过："什么是教育？简单一句话，就是要养成良好的学习习惯，教育就是习惯的培养。"

核心素养的培养是课程改革要求具体落实和实践的，对学生的个性发展及适应社会需求具有重要意义。读了这本书，一种"责任"渐渐压上心头，也只有真正地"读懂学生"，落实学生作为"人"的核心素养的教学，知识才会在学生的身上扎根。在以后的教学中，应随时注意学生学习状态，要培养学生的价值观，使学生成为对知识充满好奇、对未来充满信心、积极快乐的人。作为一名新时代的教师，我也深知，唯有加强自身修炼，才能成为一名有人格魅力的教师，做学生的榜样，当学生的引领者。

名校观摩促提升　交流学习拓视野

——2021年"国培计划"中西部骨干项目——宁夏名师工作室主持人深度研修纪实

2021年6月17日上午，2021年"国培计划"中西部骨干项目——宁夏名师工作室主持人深度研修培训在浙江师范大学顺利开班。出席本次开班典礼的有浙江师范大学继续教育管理处、浙江师范大学美术学院的各位领导以及来自宁夏各地两个教学班近80位名师参加了本次活动，开班典礼由项目负责人朱敬东主持。典礼伊始，浙江师范大学继续教育管理处的领导致欢迎辞，对各位学员的到来表示诚挚的欢迎，并热情地向大家介绍了浙江与金华近些年的发展状况，以"三地一窗口""红船精神""乡村振兴"等热点全面介绍了浙江师范大学与浙江的发展远景。同时，对本次培训提出期望，希望各位教师能够在短短20天的培训中，感受到"浙江精神"对教育的影响，加深对教师职业的理解，以本次培训为契机，加大浙江与宁夏的教育黏合度，提升中西部教育的深度合作。接下来，就让我们一起走进我自己20天来的心得体会，在分享与总结中，体会教师的不竭动力，感受教育的无限魅力。

6月17日，聆听严建春教授的《中小学教师职业倦怠调整策略》后，我明白了：繁忙的工作中你的心是如此累的时候，别和自己过不去，学会放下、学会释然、学会容纳、学会更新自己，在构建和谐社会的今天，工作已不仅仅是为了丰富社会的物质财富和满足个人的温饱，更重要的是为了共建幸福温暖的社会和追求幸福美好的人生。因此，要适时调整自己的职业价值观，消除职业倦怠。

6月18日，聆听李润洲教授的《核心素养视野下的教学变革》后，我意识到：知识本位、应试教育可以让学生获得知识与高分，但过度地教，会使学生的想象力和创造力发展受阻，教育不能填满生活的空间，要留有闲暇，教育绝不是给人生画上句号，而是给人生准备好必要的"桨"，更是一种融汇知识的过程。

6月19日，聆听王锟教授的《国学与人生智慧》后，我了解到：这是第一次学习国学的相关知识，王教授梳理了儒、佛、道的源流。儒家"自治治人"的人生智慧，道家"无为而治"的人生智慧，通过理论学习、案例分享、师生互动给予了我们一次心灵的洗涤，让我深深地体会到经典的力量能震撼人心，启迪思想，开阔视野，提升人的素养。

6月20日，聆听黄立新教授的《活动媒介在智慧课堂中的应用与创新》时，黄教授通过对比的方式，介绍了传统的板书可以引导学生掌握课本内容，可以帮助学生进一步内化、消化知识，并说明了板书是一个线性扫描的过程，它能深化学生对学习过程的进一步理解；不参加动画的PPT板书做起来比较复杂，但能实现空间的跳跃；投屏下的数字化板书可以通过保存、移动、缩放等功能实现对比。黄教授还详细介绍了各种平板和手机APP的强大功能带给课堂教学的优化效应，案例的分享、软件功能的介绍、现场学员的实操让每一位学员都感受到了在这个信息技术的时代，多媒体与学科融合的重要性。

6月21日，侬蒙教授的《中小学生创造力培养测量与评估》通过对创造力的概念、过程、影响的因素进行了详细的阐述，使我们对创造力有了更深层次的理解，又通过通俗易懂的案例印证了任何一个学科的发展都离不开创新，任何学科基于创造力的形成过程都是可以进行测评的。作为一名学科教师，只有转变观念、学习理论，在课堂中培养学生的创新思维，学生才能在自我空间中有所发展。

7月2日，吴林妹老师的《基于问题突破的教研活动设计》基于两个问题的提出——什么是教研活动与如何有效开展教研活动，教研活动是提出一个有效的问题，是一个人人参与、运用高阶思维和策略解决问题的过程；教研活动的形式要为教研的目的服务，选择什么样的教研形式，首先应该考虑是否能够有针对性地解决教研的关键问题，基于问题，促进教师成为问题的解决者，一次成功的教研活动是一个全体纳入、成果物化、共享成长的过程。

7月4日，沈清老师的《从个体优秀到群体卓越——名师工作室解读》指出了在"互联网+教育"示范校建设的引领下，工作室的本质是以名师工作室为载体，以"名师引领、传承创新、资源共享、辐射带动"为原则，发挥名师骨干教师培养、教育教学改革和学科建设等方面示范引领作用。以骨干教师为核心团队，以师带徒为主要培养形式，共同开展基于线上和线下的学科研究、教改探索和教学磨练的实体与网络相结合的新型工作机制。

第一阶段小结：

为期20天的2021年"国培计划"中西部骨干项目——宁夏名师工作室主持人深度研修培训任务已完成一半，10天的时间里，聆听了数十位知名学者的主题讲座和研学活动，收获颇丰，启发颇多，现将第一阶段研修学习总结如下：聆听唐波教授《项目化学习：指向学生素养发展的有效路径》，唐波教授从四个大问题入手——问题背景的介绍、为什么要开展项目化学习，什么是项目化学习，又如何开展，进行了阐释，使我对项目化学习有了重新认识，项目化学习是一种建构性的教与学方式，教师将学生的学习任务项目化，指导学生基于真实情境提出问题，设计和实践操作，最终解决问题并展示和分享项目成果，对我们研究的"南部山区提升'名师课堂'效应的探索与实践"课题启发较深。做好项目化学习，首先要培养教师专业素养，根据实际的情境化提出问题，运用多学科教学的整合，有效地服务于课堂教学；其次教师要转变学生的学习方式，让学生积极参与，敢于尝试和挑战，运用合作式学习去大胆创新，通过实践，不断探索新方法去解决所提出的问题，让学生由被动学习向主动学习转变，在项目教学中，学习过程注重的不是最终的结果，而是完成项目的过程，体验创新的艰辛与乐趣，培养分析问题和解决问题的思维模式和思维方法。在项目化学习的具体实践中，我们应成为一名协同者与帮助者，在学生观察探究、研究协作的基础上，教师应帮助学生寻找信息，我们要做到把"知识为本"转化为以"核心素养为本"的教育模式。

第二阶段小结：

为期20天的2021年"国培计划"中西部骨干项目——宁夏名师工作室主持人深度研修培训任务已过15天，聆听了温迎迎教授的《给教育加点戏——教育戏剧在中小学中的应用》。当盛夏的阳光依旧炙烤着浙江金华的大地，炎热的天气，即使是在斑驳的树荫下依旧闷热难耐，我们却在研修中享受着温迎迎老师的戏剧盛宴，如炎热中的杯杯温茶，沁人心脾。她对教育戏剧在中小学的应用、教育戏剧与多学科的融合、教育戏剧中艺术课程标准、教育戏剧课程结构等进行了理论阐释，学员明白了教育戏剧和戏剧教育的不同之处。教育戏剧的作用是实现多元的智能发展，并不仅仅是"演戏"，温教授的一个个鲜活案例的讲解，让我们内化了怎么才能把戏剧融入于多学科，在学中做、在做中学，每一个成员都体会到了真实的情境教学。

婺城行·宁夏情

水上浮萍，泛舟采娥。

书童俊清，求学金华。

芹深意浓，晓玲远影。

宁伟出海，不做归云。

情景教学中每一个角色的语言表达，每一次体验的肢体表演，每一次剧场游戏的享受与升华，都让我们感受着戏剧带来的魅力与中华民族伟大精神的传承。回想如今孩子们已经转移到流行音乐、影视和网络时，当我们各个小组亲身体验《哪吒闹海》中戏剧的文化精神时，我们就会发现它们犹如一个个精彩的历史故事，将历史的画卷一一展现在我们的面前，将我们带入了历史的隧道，让我们感慨不已。相信，文化戏剧进校园，可以使项目化学习在农村学校的尝试与探究真的能看得见、摸得着了。

第三阶段小结：

为期20天的2021年"国培计划"中西部骨干项目——宁夏名师工作室主持人深度研修培训任务已经到了尾声，六月的江南，梅雨不断，如久旱后的甘霖般滋润了一直渴望着成长的我。20天的研修分为项目化课程理念与专业素养、工作室的建设与实践策略、研修行动与凝练反思三大部分，共计84课时，浙江师范大学各位教授的理论阐述以及我们的实践观摩、进校访学等，使我对培训有了重新的认识与思考。

（1）立足新课标，重新建构自我认识。在教学中，传统教学始终制约着教师的思维与学生的个性发展，从而禁锢了学生的思维发展。而项目化学习在真实的教学情景中的大观念下确立核心问题，明确了学习任务中的基本问题，它是一种跨学科知识的综合性学习，培养的是学生的学科素养，在20天的学习与实践中，学习过程成为一个人人参与的创造的实践活动，为我注入了无限的生机与活力，重新构建了我的思想，更新了我的学习理念。

（2）教研主题研修方案的合理制订，做课堂改革的先锋。静心读书，多读一些有关教学、项目化学习的书籍，加强自身修养，提高自己的综合业务能力，努力改变育人观念，在今后的工作中大胆创新，成为敢于进行课堂教学改革、相信学生、善于发现问题的人，鼓励并引导学生的批判精神和创新思维。

（3）完善名师工作室的建设，坚定名师走向成功的信念。通过学习，我明确了名师工作室的建设要以传承名师教学特色和育人风格为主要目的，提高学科带头人的教研能力和教学能力，助推教师专业成长。通过师父带徒弟、参加集中培训等形式，立足一线课堂打造精品课，全力培养市教坛新秀，实现教学能手的协同发展，并做好教学资源，如导学案、教案设计、反思、课件，进行区、市、县、农村的线上线下共享的驱动教研，以我正在研究的"双减"政策下《南部山区"名师课堂"效应的探索与实践》为载体，体现个人教学特色，形成个人教学风格，落实"233"教学模式下的"三力"课堂的育人模式。

教学的路很长，但教学的梦并不远，就让我们在农村教育这一肥沃土壤上继续耕耘，做一个个鲜活生命成长的守护者。20个夜晚，会议室常常灯火通明，那是各位名师在结束了一天的学习后，对新问题、新思想的思考、内化与探究。我们的身上肩负着宁夏教育发展的重任，所有参训教师通过"国培计划"这个平台，在学习、交流、借鉴与感悟中，谱写宁夏教育的新篇章；20天的时间里，老师们对政策与教育的关系进行了梳理，并加深了对核心素养、中小学生创造力、项目化学习的理解，大家明确了名师该怎么做、线上线下名师工作室该如何建、基于课标落实的项目化学习单元课程的现场该如何创建、反思、凝练。通过名师工作室建设的优秀案例分享，大家还明晰了工作室主持的方向和责任担当。为期20天的培训进一步提升了参训教师的教育理念、教学水平及工作室主持能力，对于推进教育发展、促进基础教育改革、提高教育质量具有重要意义。

教育因国培而精彩，教师因国培而成长。各位名师在分享中积淀，在总结中成长，20天的国培中，大家都学有所获，并能付诸实践、辐射周边，以国培之力助教育常青。

促进教师专业成长　实现素养动态提升

——记冯艳萍名师工作室赴银川市金凤三小观"说学教育"

　　为学习贯彻新课程标准理念，探究落实"深度学习"策略，加强校际之间的帮扶与互进，我校进一步学习银川市金凤三小的"说学教育"的理念和方式方法，2021于4月3日在校长的带领下，我们赴银川市金凤三小进行了为期两天的"沉浸式"教学互助交流活动。

　　本次活动包括校园走访、课例展示、微课题教研、"说学课程"展示（辩论赛、新闻播报）、校长论坛等部分，两天共观课交流12节，其中数学课4节。通过观课我们受益匪浅，干劲满满。

一、课堂教学中教师只是引导者

　　四节数学课都是通过创设了真实的情景来教学的，如马德虎校长为我们展示的是六年级的《抽屉原理》一课，课中马校长让孩子们在会议室快速找到自己的课任老师。当学生用"只在此山中，云深不知处"的诗句走进数学课堂时引入新课，通过预习"你对《抽屉原理》的收获和理解，你计划怎么讲"抛出问题，由一幅思维导图引发了学生的思考，如抽屉原理是谁发明的？为什么叫抽屉原理？为什么又叫鸽巢原理？什么是抽屉原理？抽屉原理有几种解答方法？等等。教师仅用5分钟的引导就突破了本节课的难点。闫娟主任为我们展示的是三年级《认识面积》一课，课上她聚焦两个问题：①如何认识面积；②如何量出面积。引导学生从直观的一个长方形和正方形出发，比较谁的面积更大，从而激发了学生的思维。整堂课学生活动积极踊跃，课堂节奏紧凑适当，很好地锻炼了学生的动手操作能力和具体问题具体分析的能力。沈艳玲老师展示的是四年级的《用平移的知识解决问题》一课，她把教材进行了整合，把2课时整合成1课时，同样也聚焦了两个现实的例子，如帮李爷爷解计算不规则花地的面积，以及帮李伯伯计算花地篱笆的周长。

从他们课堂的创设情景来看，说学教育是符合新课程标准理念的教育，新课程标准理念强调引导学生在真实情景中发现问题和提出问题，而说学教育恰恰非常重视学生自己提出问题、发现问题和解决问题。

每节课都聚焦2～3个问题，这也是新课程标准理念下基于大单元备课中的驱动性任务，大单元教学中的驱动性问题是基于学习任务群教学而设计的，能够引起并维持学生持久探究行为的问题，学生以"问题"去"驱动"学习任务，将学习置于具体问题之中，体现了以"学"为中心。

二、课堂教学中学生是真主人

"说学教育"课堂中学生以"问题"去"驱动"学习任务，把数学课堂中的思维导图呈现在了语文课中，把语文课中的故事说在了数学课堂中，每一节课都激起了学生求知的欲望，在自主、合作、探究中利用观察、猜测、试验、计算、推理、验证等方法分析问题和解决问题，运用数学的思想与方法，获得数学的基本活动经验，对应单元目标中的课时目标落实了核心素养，形成了良好的育人价值。

三、课堂教学中作业设计的变化

"说学教育"真正地落实了"双减"政策下的作业设计的提质增效，四节数学课中的每节课的课后作业的最后一题都是劳动实践，马校长以该

第五章 研修思考

校"躬耕园"为例出了一个抽屉原理的作业设计，闫主任布置的作业是自己学校的"爱心农场"空地布置。这样的作业把多学科融合在一起，五育并举培养学生的基本知识和基本技能，体现了新课程标准的"四基"和"四能"。

四、如何开展基于大单元下的微课题的研究

对微课题的研究也是我校教师的困惑，金凤三小双优工程数学学科工作坊主持人王淑红老师以主题为"整体建构助理解，深度学习促迁移"——以《分数的意义和性质》单元整体教学研究这一案例，从课标解读、教材分析、单元整体教学的学情分析、单元整体教学的目标和评价标准、单元整体教学设计构想几个方面用理论+案例的形式，进行了详细的阐释与指导，以问题—研讨—交流—总结的微课题研究方式为脉络，指明了如何进行微课题的研究以及基于单元的教学有效备课模式，让我们在做校本课题时有了很大的感悟与自信，在单元集体备课中也为我们的困惑指明了方向。

那么，什么是"说学教学"？它分为四个步骤：①课前预。利用学讲稿或学习单深度预习（学不会的学例题，勾出疑问进行课上质疑；学会例题的做习题；学会例题的和会做习题的，查资料拓展知识面）。②课中探。课堂学生以"问题"去"驱动"学习任务，学生持久自主化的真探究（2个或3个问题、在探究中不断有新的生成点，在新的生成点中不断思考解决新问题）。③课后用。通过课前预、课中探，运用掌握的基本能力和基本技能解决问题。我认为这种课堂是有生命的课堂，更是有深度的课堂（有生成点，学生是互动的、合作的、有情感的）。

总之，本次活动以"促进教师专业成长、实现素养动态提升"为目的，围绕"示范引领——送课程、研备相映——送理念、课题研究——送方法"，让冯艳萍名师工作室的各位成员在学习中不断进步，在交流中不断成长，在成长中做好教研工作的引领示范。

人工智能助推教师队伍建设
应用指导团队区外访学心得（1）

2021年3月24日至30日，来自宁夏全区各市县的师资培训中心主任、教研室主任、教研员、信息中心主任、中小学校长和部分教师130余人齐聚石嘴山市大武口区进行了为期6天的研修培训。此次培训安排科学合理，形式多样，涵盖面广，活动立体，有主题讲座、互动交流、基地参观、课例观摩、交流研讨等多种行之有效的研修方式，让我们深刻感受到人工智能助力教育教学变革的巨大作用。

本次培训内容为学校发展提供了可借鉴的指导，贴近应用。培训中，北京大学的贾积有教授通过一些实际案例，如甘肃的无人收割机"铁哥们"、清华大学的"成精"无人自行车等让我们真切感受到了人工智能给我们生活带来的便捷，也了解到了人工智能为教师的教育教学提供了丰富的教学资源与技术支持，助推了教师的快速成长与引领。

石嘴山市实验中学祁和平校长结合本校案例，从人工智能环境下教师角色的重新定位出发，介绍了"互联网+教育"暨人工智能背景下教师队伍建设的主要做法，通过人工智能技术的学习，教师在教学的行为上、理念上、学生观上以及教师自身的信息素养上都有了很大的提升，让我们意识到未来已来，人工智能助推教师队伍建设大有可为。宁夏中小学教师智能研训基地，建于石嘴山市实验中学勤学楼的全场景、一体化的人工智能教师

第五章 研修思考

研训中心，为教师的人工智能研训搭建了平台，也为"试点"工作的推进和研究成果的分享提供了智力支撑和实践保障。研训基地总结出的"1345"教师智能研训工作体系给了我们很大启发，为我们后续工作开展提供了模板。

陈明选教授的《人工智能助推学校未来发展转型和重构》为我们清晰地描绘了未来"互联网+教育"助推教育教学变革四个方面的转型方向：教育目标重新定位，教学价值观念转型，教学模式的再造和运用人工智能实现因材施教。除此之外，我们还深入一线学校进一步了解人工智能在日常学校教学管理和教学实际中的应用，如石嘴山市第十五中学的英语智慧课堂、人工智能教学空间和课程设置。

6天的培训，我的思想观念经历了理论的洗礼，人工智能研训基地参观和课例观摩打开了我的眼界，使我收获颇丰。

（1）人工智能正在改变着我们生活和学习的各个方面，可以毫不夸张地说人工智能正在改变着世界。因此，在教师的继续教育培训中，应加强中小学教师对人工智能相关知识的深入学习。

（2）通过本次培训学习，我们深刻地感受到：石嘴山市人工智能研训中心引领着整个区域各级各类学校的人工智能助推教师发展工作，这需要有一个有思想的领导班子，一个精诚协作的技术团队，一支优秀的教研员队伍，一种脚踏实地的工作精神，以各级各类学校的课程建设为抓手引领学校的未来发展。学校的课程建设（包括人工智能课程）一定要符合学生的实际需求，扎实应用，凸显学校办学特色。

（3）人工智能是一门极富挑战性的学科，所以作为新时代的教师要树立终身学习的观念。互联网时代方兴未艾，我们又迎来了智能时代，时代对于教师的挑战不言而喻，稍不学习就要被淘汰，所以我们更要不断加强学习来提高自身素养。

总之，通过研修，参训的老师们清晰地认识到人工智能在提升教师课程设计、资源开发、数据分析等方面的能力有显著作用，有助于助推教师教育理念的更新和思维方式的转变。随着人工智能的发展，教师的专业素养和教学教研能力必将大幅度提升。

人工智能助推教师队伍建设
应用指导团队区外访学心得（2）

正所谓"志合者，不以山海为远，故有跋涉而游集"，为了贯彻落实教育部《关于开展人工智能助推教师队伍建设行动试点工作的通知》及相关文件精神，推动教师主动适应信息化2.0时代下的教育创新与变革，进一步推动人工智能支持下的教师队伍建设，2021年4月18日至2021年4月24日，我们参加了"宁夏人工智能助推教师队伍建设应用指导团队研修班"第二阶段的区外访学活动。首站华中师范大学，次站福建福州，本次培训主要采取专题讲座、现场观摩、研讨交流、展示汇报等方式。华师一附中美联实验学校有花园式的校园、干净整洁的教室、文化气息浓厚的环境、高端前沿的信息技术设备以及规范一流的管理，让人觉得未来学校应该就是这个样子——孩子阳光、教师自信、环境优美、人行其间不自觉地就会自我提升。华中师大"教育大数据应用技术国家工程实验室"，使我们震撼于数据之于教育的作用，智能之于教育的改变，精准教学之于师生的发展，彻底颠覆了人们传统意义上对教育的认识，更使我们意识到要适应现代教育发展，不被时代淘汰，就必须学会使用大数据智能技术来开展教育教学。武汉楚材中学的幸福教育令人钦佩，其教育的出发点和落脚点就是让人不断改变、不断提升、不断发展，活出自己想要的生活，其实质就是"幸福"，一节人工智能课让我看到了不远的将来被西方"卡脖子"技术会被一个接一个地突破，最终站在科技高地环视全球。这种着眼于学生未来发展，更着眼于国家未来发展的教育，其精神令人敬佩，其眼光让人赞叹。数据大不等于大数据，其关键在于大数据是否可以描绘学校教与学活动场景，教育管理是否存在以人为核心转型为以数据为核心。福州长乐数字教育小镇的观摩，我们和发达地区教育距离还在拉大，我们要奋起直追，我们要做更多努力。也许这就是教育，只有发现不足，才有学习，才有追赶，才有进步。

智能时代，教育信息化发展进入新阶段。随着新基建的推进，以5G、人工智能、大数据等为代表的新兴技术持续引发教育变革创新，必须构建德育为先、能力为重、知识为基的人才培养体系，才能适应新形势的需要。智能技术赋能教师、学生、课堂、课程和学校，形成新的教育教学场景。例如，网络空间的人人通向5G物联网发展，进而实现人人有助教、学伴，能够根据学生学习过程的个性化数据实现因材施教和因势利导。又如，VR技术的发展推动形成立体综合教学场，实现物理空间和虚拟空间的融合，区块链技术加快数据的整合，支持构建综合化、智能化、一体化的教育平台等。尤其在评价改革方面，智能技术可以发挥很大作用。最近，中共中央、国务院印发《深化新时代教育评价改革总体方案》，强调利用人工智能、大数据等现代信息技术，探索开展学生各年级学习情况全过程纵向评价、德智体美劳全要素横向评价。基于数据采集技术能够实现对学生学习全过程的多角度跟踪分析，创新评价工具，实现教学评价创新。

这次远赴武汉、福州学习观摩，专家齐聚一堂，共同探讨信息时代人工智能与教育的融合，面对人工智能新技术变革带来的重大战略机遇，我们教师必须积极应对，更新观念，重塑角色，提升素养，增强能力，适应智能教育发展新要求。我们更加清醒地认识到：人工智能的繁荣景象和光明前景已展示出诱人的魅力，让我们一起期待未来，筑梦未来，做新时代的好教师。为推进教育均衡发展、提高教育质量做出贡献。

数字点亮智慧　交流摩擦火花

——记冯艳萍名师工作室课题组数字教材与数学学科深度融合

为进一步加强冯艳萍名师工作室课题组"互联网+教育"建设，积极推广数字教材深度应用经验，进一步提高各成员教师信息技术应用能力，充分发挥信息化教学设施与资源效益，让课堂活动与数字教材应用深度融合，推进课堂教学改革，打造高效课堂，提升教学质量，5月20日下午，海原县师培中心教研室、中教云宁夏应用服务中心、冯艳萍名师工作室课题组成员参加了"数字教材与数学学科深度融合"的讲课观摩交流研讨活动。

数字教材应用研讨交流活动分为教学展示和交流研讨两部分，冯艳萍课题组成员张璇老师展示的是三年级数学《排列问题》一课。张璇老师充分利用数字教材资源及工具，巧设问题情景，激发学生学习兴趣，把"233"教学模式学讲稿与数字教材的应用融会贯通，巧妙地解决了教学难点，教学环节完整、紧凑。

课后名师工作室课题组主持人冯艳萍、信息骨干田智梅老师就两节课在教学设计、课堂教学管理、"233"教学模式的落实、信息技术的应用、教法学法及教学效果等方面进行了点评，既肯定了本节课教学中的优点，又对教学的实施提出了自己的不同见解；海原县师培中心王欣主要对

第五章　研修思考

数学课进行了点评，重点从课标的实施、教材的把握、教学方法的设定、学法的指导、课堂教学的组织方面进行了评价与指点，指出教师在课堂教学中要注重新旧知识的联系，扎实钻研教材，做到心中有数；要提高发现问题、解决问题的能力，提高课堂教学的实效性；要注重学生主体地位，给予学生学法指导。

最后，中教云智慧教学平台教研专家周静、徐文才老师通过腾讯会议对两节课进行了点评，指出两位教师教学设计合理、教学思路清晰、为学生提供了自主学习和相互交流的机会，专家们重点对数字教材的应用提出了宝贵意见，指出数字教材为课堂教学提供了便利的数字资源，促进了教师的教学观念转变和学生的学习方式的改变，数字教材常态化应用是教师转变教学方式、提高教学质量的一个很好抓手，用信息化手段来促进对学科的深入研究，挖掘学科的教学内涵，是信息化教学改革的方向。

通过这次研讨交流活动让课题组成员更加明确了在"双减"和新课标的实施下如何更好地提升教育质量、如何更好地将课堂教学与数字教材应用有效地融合，同时也促进了课题教学的发展，给我校"互联网+教育"标杆校建设增添了亮丽景色。

从"有用"走向"有效"

——学习《有效教学的实践与反思》有感

"高效课堂"是我们每一位教师的追求，但是课堂教学如何才能达到高效呢？学习了余文森老师的《有效教学的实践与反思》后，感触颇多，受益匪浅。

一、摒弃重教轻学的教学观念，建立富有活力的教学课堂

"教师不教，学生能练？学生能学会？"这个问题也正是作为教师的我的最大顾虑。

顾虑一："课堂上教师不先讲解清楚，我担心学生不会解题"。

通过学习实践，我认为有这样的顾虑主要是"以我为主体，学生为观众""我的课堂我做主""一言堂"等思想在作祟，没有充分认识到"教师的责任不在教，而在教学，而在教学生学"。作为教师，在课堂教学中必须像将军一样，做"战场"的组织者、指挥者、策划者、责任人，而不必亲自冲锋陷阵，应把每一位学生培养成即将出征的"战士"——培养他们"打仗"的勇气、信心和战斗力，让他们全力以赴去"打仗"，消灭"敌人"——学习中的问题。比如，寻找一个陌生的地点，有三种走法：第一种，不动脑筋随便跟着人走，当时虽然一切很顺利，又很省力，可是离开别人帮助，自己再去走，就又不认识了；第二种，自己摸索找路，找

人问路，当时虽然费时较多，也可能走弯路，但走了一遍，却不会忘记；第三种，先学会看城市地图，然后按地图的位置和路线找到目的地。当然，第三种方法起初要费时一点，但学会了按图找路的方法以后，不管什么地方都能迅速找到。而且去同一个地方，也可以找到几条不同的路线。你会选择哪一种走法呢？你会让学生一直跟着你走吗？一位教育家说得好：知识是可能被遗忘的，但能力却不会被丢弃，它将伴随终生。因此，授人以鱼不如授人以渔。把课堂变成提高学生实践能力的平台，培养学生的学习能力是课堂教学的重中之重。

顾虑二："在自主学习的课堂上，学困生能适应吗？"

在改革传统教学方法时，有的教师总以为教师没有教，让学生先练或先学，对优等生不会有什么问题，学困生却不一定能适应。邱学华老师在最初试验尝试教学时，也曾有过这样的顾虑。但经过一段时间的教学尝试后，他召开了一次学困生座谈会，学生的发言发人深省："以前，我们听老师讲课，摸不着头脑，糊里糊涂，到做练习时发现困难，已经下课了，我们不敢再问老师。现在先做尝试题，知道困难在哪里，再听老师讲就清楚了。""以前，老师要我们看课本，我们不知道从哪里看起，现在为了做尝试题，看课本特别认真，容易看得懂。""请不要告诉我，先让我们试一试，做错了也不要紧，再听老师讲，我们学起来很有劲。"由此可见，学会看书，学会思考，这正是学困生最缺乏的东西。学生自己获取知识的过程是教师的讲授所无法替代的。引导学生主动地去自学课本，逐步培养学生的学习习惯，促使学生积极进行思考，恰好能对症下药，解决学困生的学习问题。

二、打造高效课堂，教师高效、学生高效，缺一不可

"教学"，顾名思义就是教师、学生的共同活动。因此，教师、学生的效率同时提升，才能把自己的课堂打造成高效课堂。

（一）教师提高效率是基础

精心备课是教师高效的必要条件。在备课时，应充分备学情、备教材、备学法、备上课时的"导演"策略、备能力、备反思等。例如，东庐模式教师备课要经历个人构思、先成个案，交流研讨、后成共案，课前反思、实施精案，课后反思、交流提升等多个环节；在具体实施教学时还必须做到"四精四必"，即精选、精讲、精练、精批，有发必收、有收必批、有批必评、有评必补。因此，教师还需要提高三种能力：一要提高备课中的"厨师"能力——根据教材精选材料，精选认知策略，精收反馈信息，抓重点、凸显难点、破解疑点，在激发学生主体意识、提升学生能力上下功夫，把课堂烹调为美味大餐；二要提高课堂上教师的"公关"能力——教学中必须激励、唤醒学生的主体意识，变"要我学"为"我要学"；三要提高教师的"导演"能力——在具体的教学过程中，教师要当好"导演"的角色，要为学生的表演搭建平台，让学生充分表演，发现漏洞及时指导，让课堂充满魅力。所以，只有教师高效了，学生的高效才有可能。因此，教师必须通过不断学习新的教育理论，经常反思自己的教学，改变、更新教学方法，提升自己驾驭课堂的能力，才能保证学生高效。

（二）学生提高效率是核心

教师达到高效时，学生也必须达到高效，高效课堂才能得以实现。评判一堂课是不是真的高效，不仅仅是看教师，还要看学生，看学生是不是都动起来了，是不是达到高效，二者都高效了，就能达到高效课堂。也正是刘京海老师概括的"找到学校课改操作点——两个增加，一个减少——增加学生的思维和动手，增加学生的自学，减少教师的讲"。例如，银川市金凤区第三小学采用"讲学稿"，把学生的"不待老师教，自己能自学"的自主性学习变成了可操作的程序。教与学是以探究为核心，以发现为目的。学生根据教师的设计，自己概括、推理、发现规律，增强了自我学习能力。学生在"讲学稿"引导下的学，是一种自我探究、自我发现的学。在这一学习过程中，学生或多或少会经历发现问题、提出问题、分析研究问题、获得结论的科学的认知过程，能够在获得知识的同时，逐步提高自己的思维水平和研究探索的能力。"自主"才能探究，探究才有成果，才让人找到自信，才让人身心愉悦，学生动了起来，教师的教学能量才能得到充分释放。学生的学习品质才能得到优化。按"讲学稿"的要求预习是一种主动的达标，要达标就应迎难而上，决不轻易放弃。经过努力，绝大多数学生都能实现目标，中等生、学困生就逐步树立了自信，就能体会到个人奋斗换来的进步与收获才是最好的回报。有了成功的愉悦，学生就会积极主动地投入到下个阶段的学习中去。预习、自学、自测虽然不能解决所有疑难，但能使学生的自我探究具有预知、预警、蓄势的功能，一旦课堂讨论涉及相关问题便能迅速引起共鸣，使问题迎刃而解。正是在这个过程中学生既掌握了知识与技能，又锻炼了自己的思维，从而达到了高效，促进了高效课堂的形成。

第六章

走过的足迹

线上教研新引领　大单元备课众行致远

——记冯艳萍名师工作室成员及课题研究组成员的又一次新引领、新突破、新成长

2022年11月3日，冯艳萍老师及其成员为全县教师展示了线上"单元整体备课教学设计实施"的观摩交流主题活动，开启了课题组成员的子课题的大单元备课的新征程。

"工欲善其事，必先利其器"，备课是课堂教学的一项预先设计，是课堂教学的起点与基础，决定着课堂教学的质量。主题活动前王主任就什么是大单元备课，怎样去进行大单元备课进行了指导，在线上指导各位成员要立足教材、研读新课标、突出核心素养，首选种子课为出发点进行单元设计的分析与实施。

课题组经过一周的学、研、磨到确定主题，多次对课例进行打磨，最后基本建模，在大单元设计的主题活动中，全县一千多名师生观看了姚月琴老师的直播课《除数是两位数的除法的灵活试商》，张璇老师从单元主题、单元要求、单元教材分析、关键内容、核心概念、单元教学目标、单元重点、单元难点、课时划分、单元过关训练设计十个方面给在线的老师汇报了单元整体备课的思路；姚月琴老师从单元整体备课的视角出发，对所授的示范课作了深刻的反思和自评。冯艳萍老师从用"观念"引领大单元教学，充分体现出大单元"教、学、评"的一体化，用大单元"建构"

思想促进学生的理解和迁移三个方面对姚老师的课例进行了全面、具体的点评，她谈到本节课让我们看到数学学科的单元整体教学是将数学知识、数学能力、核心素养进行整合，符合大单元的设计与实施要求，实现教、学、评一致的从浅层次学习走向深度学习的课堂；全县各学校的教研员、骨干教师发表了自己的看法，充分地讨论与交流的同时，对我们研究的课例又提出了宝贵意见，在此基础上王主任又对本次大单元设计实施的成果进行了细致指导，从如何整体把握教学内容，教师要落实什么样的单元整体设计，如何推进单元整体设计与实施给出了详细的指导。

教研教改路漫漫，理念先行筑根基。全体成员通过参与本次主题活动，对单元整体备课有了更深刻的理解与认识：大单元教学设计不是一个简单备知识的过程，而是把学习与教学原理转化成对于教学材料、活动、信息资源和评价的规划这一系统的、反思性的过程。在教学设计中，教师要遵循"教、学、评"一致性的原则，要在课标分析、学情分析、目标确定与教学活动设计上做到"该学、能学、可教、利评"。

大单元下整体教学设计与实施我们还不够成熟，激励教师要不断思考、实践、再思考、再实践，绽放教学激情，共交流，集智慧，享资源，促成长，才能真正提升备课质量，推动教育高质量发展。

示范带动名师引领

——"四课"活动暨"名师课堂"展示交流研讨

为落实宁夏回族自治区教育厅《关于开展基础教育质量提升"5+1"系列活动的通知》的有关精神，自3月份以来，在学校领导的带领下，在教务处和教科室的负责下，冯艳萍名师工作室开展了为期一个月的"四课"活动暨"名师课堂"的展示交流研讨活动落下了帷幕，期间课题组成员参加了骨干教师的示范课、教学名师的精品课，这是一场"大练兵""大比拼"活动。

陶丽娜老师做课的内容是四年级下册《运算定律》的整理和复习，她根据复习课的特点，巧妙运用思维导图，用一张幻灯片包含了一章的内容，节省了大量的时间与精力，为解决问题做好了支撑；有效的教学方法激发了学生善于思考、善于发现、善于总结的能力。冯艳萍老师做课的内容是五年级下册《分数的产生和分数的意义》，该课充分利用交流合作与总结梳理，重视了概念的形成过程，先让学生用自己喜欢的方式表示出 $\frac{1}{4}$，学生呈现出一条线段、一个苹果、一个正方形、一个长方形，感知出了 $\frac{1}{4}$ 的含义，然后由一个"单位1"，让学生创造出四分之几，把学生从一个物体中脱离出来，引向一些物体，形成四分之几的概念，接着继续发散学

第六章 走过的足迹

249

生的创新思维，利用讲课稿中的素材"单位1"，引出问题"你还能创造出几分之几吗？"思维的碰撞结果有 $\frac{1}{2}$，$\frac{1}{3}$，$\frac{1}{4}$，$\frac{1}{12}$ 等隐藏的分数，课堂教学水到渠成，而"建成模型什么叫分数？"这一问题把本节课推向了高潮。张旋老师做课的内容是五年级下册《长方体的认识》，田智梅老师做课的内容是六年级下册《圆锥的体积》，它们共有的闪光点首先是从生活中寻找数学素材，让学生感受到数学来源于生活，生活中处处有数学，如张老师开课前通过让学生寻找生活中哪些物体是长方体，土豆是如何切成长方体的等问题引入课堂；田智梅老师用三种同一品牌的冰淇淋，价格都是两元，买哪种划算的问题作为引入。他们的问题都是从学生的兴趣出发，一下子激起了探究的欲望。其次她们俩的整个课堂活动中都是以小对子、小组的活动方式培养学生自主探究的能力，让学生积极质疑、猜想、体验验证过程、最后揭示结论的正确性，打破了原有的思维课堂，学生既敢于提出问题，又敢于解决问题。

本次活动通过参赛选手们的精心准备，呈现了一节节风格各异的课堂，从教学的艺术魅力到教学理念的渗透，从知识的传授到学生技能的提升，从全新的教学理念引领到课堂教学实践指导，彰显了各位参赛教师的

教学魅力和教学风采，为听课的老师们带来了一场场课堂教学的盛宴，经过一层层角逐，教学名师冯艳萍老师的课例获得了精品课一等奖；骨干教师田智梅老师、张璇老师、陶丽娜老师的示范课分别获得了一等奖和二等奖。活动结束后，冯艳萍老师做了课题课例交流发言，对各位做课教师的课进行了优点肯定的同时，又找出了不足之处并进行反思，如针对如何让名师课堂更多地发挥实效性。

送教下乡同教研　课题展示促成长

　　为发挥优质教育资源辐射共享作用，逐步缩小城乡校区间的差距，进一步巩固海原县第一小学课题《南部山区提升"名师课堂"效应的探索与实践》的成果，推动义务教育均衡发展，4月11日上午，在校长王国平同志、教科室主任胡建民的带领下，三个名师工作室及各工作室成员、课题组成员一行8人在三河镇中心学校开展了送教交流、课题成果展示活动，三河学区的85名教师参与了本次大讨论、大交流、大研讨活动。

　　冯艳萍名师工作室成员李月花老师，根据学校课题研究的"在课堂上出现的急、难、愁、盼问题中，如何把合作学习落到实处？"为三河学区展示的是四年级下册的内容《小数的加减法》，依据我们学校的"233"教学模式，以"学讲稿"为载体，按照2022年新课标要求，落实单元备课

中的课时核心素养，为在座的老师呈现了融合了新理念与新方法的课堂。课后针对课题研究大家进行了深度的探讨与交流，主持人冯艳萍老师指出在本课中李老师注重创设真实情境，从生活中的数学，如中国运动员跳水获金牌的小视频引入到教材中的数学，一下子激发了学生的爱国热情，调动了学生学习的主动性，也为学生真正探究新知识服务。重视合理的设计问题，聚焦驱动性任务，如"列竖式为什么要对齐小数点"这个重点和难点，教师组织学生两次有效地进行小组讨论、合作交流，从富有个性的理解和表达中，自主提炼出小数加减法的计算方法，即数位对齐就是小数点对齐，小数点对齐就是数位对齐，让学生在充分体验感受的基础上自主发现，成为学生对知识进行再创造的成果，有利于落实本节课的核心素养，培养了学生的语言表达能力和对算理的理解。

三河学区的各位老师在交流过程中指出，李老师在学法的指导上，问题总是让学生提出、算理总是让学生发现、疑难总是让学生研讨、评价总是多元化的。这节课教师也没有做大量的练习，也不是用很短的时间结束了新课，把大量的时间用在了学生自主探究上，聚焦每一个任务，教师引导学生有条理地呈现、解决遇到的问题，思维得到了锻炼，能力得到了提高，学生的课业负担会很轻。通过两校教师的共同探究促进教学方式方法的进步，这既符合新课程的教育理念，也体现了我校"233"教学模式的一大特色。

最后名师工作室主持人冯艳萍老师对我们课题的成果展示进行了反馈交流，并对学校的"233"教学模式做了微讲座，她指出：一堂成功的课堂应由"精讲多练"转型为"重探究精练习"的合作学习才是有效的课堂。

"双减"作业活设计　"助力"课题齐并进

——记"双减"政策下名师课堂如何改进作业设计的研讨交流活动

　　为了进一步提高课题研究的质量，减轻义务教育阶段学生作业负担，提升作业设计的有效性和创新性，发挥学科育人、作业育人功能，达到减负提质的教学效果，确保"双减"政策的有效落实，在学校教导处和教科室的组织下，冯艳萍名师工作室课题组成员积极参加了名师课堂如何改进作业设计的研讨交流活动。

　　初夏的清风已然吹响，仲夏的蝉鸣即将响起，6月是一个多彩的时节，也是一个追梦的时节。6月9日上午，冯艳萍名师工作室课题组全体成员在四楼会议室参加了此次活动，主持人冯艳萍及骨干教师吴爱琴老师担任本次活动的评委，工作室成员吕鸿嫚老师、张璇老师参加了本次研讨交流分享比赛活动。

　　研讨成员伏学英老师和李海玲老师分享的是大单元作业设计，李老师的《运算定律》作业设计有基础训练类、能力提升类、课外拓展类三种类型，她根据本课的教学目标进行分层设计，让学生运用分类、对比进行计算与巩固，加深了学生对四则运算定律、减法性质、乘法结合律和乘法分配律的认识，从而让学生养成了良好的先观察、再思考、最后动笔的好习惯，并能让学生在感悟中解决问题，效果明显。

第六章　走过的足迹

吕鸿嫚、张璇、田仲英、马莉、刘小明等五位老师分享了课堂作业的特色设计，认真分析了在课题研究中的"双减"政策没有公布之前，小学教师对作业的设计存在"四多四少"：一是现成作业多，教师真正自己设计的少；二是巩固多，分析评价少；三是书面作业多，动手操作和实践少；四是一刀切得多，自主和个性化的作业少。与会人员认真研读新课标和海原"互联网+创新"素养教育作业设计评价表，交流在名师课堂作业设计时，首先要准确把握本节教材内容和教材地位，其次在内容设计时，要形式多样，如在《面积和面积单位》这节课的基础题设计中，让学生通过读、填、比、写的方法训练，把学生的个性化作业落到了实处。能力提升题设计以探讨性为主，让学生通过拼一拼、算一算的方法要求一组中能力强、成绩好的学生完成，培养了学生的动手能力和创新思维能力；又如，五年级下册《长方体和正方体表面积》课堂作业设计中，吕老师通过学生喜欢的魔方求它的表面积以及一刀切两面求长方体的表面积时，注意联系了实际的生活场景，让学生进一步感受到了表面积在生活中的广泛应用，还能感受到数学知识的实用性，这样的作业设计不但激发了学生学习数学、运用数学的信心，还注重了作业的选材、作业的评价，极大地提升了学生的认知空间。

研讨交流后，高珍老师对名师课堂如何改进作业设计的研讨交流活动给予了充分的肯定，也给各位数学老师做了成功案例的榜样。作为名师工作室的主持人和工作室课题组成员，我们更应该积极带头做到事上用功、心上磨练、知行合一，不断提升自己的专业教研能力，脚踏实地地做课题研究，才能实现自己既定的目标，才能把我们的课题研究推向更高的质量。

积极开展创新素养教育
切实提升基础教育质量

——课题组参加创新素养教育研讨活动

为全面贯彻落实宁夏回族自治区教育厅《关于深化教育教学改革全面提高义务教育质量的实施意见》和《自治区教育厅关于在初中以下学段推进创新素养教育试点的指导意见（试行）的通知》精神，深化创新素养教育改革，进一步落实基础教育质量提升"5+1"系列活动。5月27日，在创新素养"领航校"——海原县第一小学举办创新素养教育成果观摩交流研讨活动。

　　课题组成员田智梅老师展示的根据课题中的子问题，如何运用思维导图上好复习课，内容为六年级数学下册《整理和复习——用转化的策略解决问题》，田老师用学生熟悉的《曹冲称象》的故事情景导入，巧妙地引出转化思想，利用微课设计、学习小组合作学习、技术支持的组织教学，增强了师生之间、生生之间、生机之间的互动与交流，调动了学生学习的积极性，激发了学生学习的兴趣，巧妙合理地以思维导图的形式展开了复习，让复习课不再乏味枯燥，使课堂生动饱满。

　　课后在师培中心王欣老师的组织下进行了交流研讨活动，首先，课题组成员田智梅老师从教学目标的设定、重难点的把握、教学过程的实施、课堂的生成、练习的设计等方面对本节课进行说课和自评。其次，课题组主持人冯艳萍老师和信息骨干张璇老师进行了点评，指出田老师的课以转化这一数学思想为统领，达到了课题组问题的解决，做了很好的示范；整理了在小学阶段数与代数、空间与图形、解决问题等方面关于转化思想的数学知识，无论是知识的梳理，还是学生学法的指导，都很好地完成了教学目标，尤其课堂实施过程中，信息技术与教学融合使学生的创新思维得到了发展与培养。另外，对本节课在学生评价方面提出了不同的意见。来自海城学区、九彩学区、甘城学区、海原二小、史店学区的老师从教学理念、教学方法、学法指导等方面进行了点评。最后，王欣老师对本节课进行了点评，又对数学课提出了要求，整个交流活动气氛活跃、融洽，大家畅所欲言、各抒己见。

　　本次创新素养教育观摩研讨交流活动，给我们名师工作室和课题组提供了一个互相交流学习的机会。课题组成员有信心将创新素养教育做得更扎实更有效，让自己的课题有进步、有特色、有成果。

中期汇报承前启后　专家指点乘风破浪

——课题研究组成员参加《全区第六届基础教育教学课题研究中期调研指导》活动汇报纪实

2023年2月22日，为确保我们的"南部山区提升'名师课堂'效应的探索与实践"区级课题的研究质量，促进我们课题组总结前期研究阶段性成果，明确下一步研究思路。根据自治区教育厅教学研究室关于开展第六届基础教育教学课题研究中期调研指导工作的通知要求，课题组主持人冯艳萍老师和核心成员田智梅老师在中卫中学参加了本次指导活动并在现场进行了中期汇报。

本次活动分为两个阶段举行，第一阶段由市、县教研室课题负责人和课题组代表汇报发言。主持人冯艳萍老师代表海原县12个立项课题，从课题研究的进展、研究计划完成情况、阶段性研究成果、主要创新点、存在的问题、下一阶段研究目标、可预期成果等7个方面进行了详细具体的汇报。

各县课题组代表汇报结束后，与会专家对各个课题组的研究工作给予肯定的同时，又指出问题的存在。就我们的"南部山区提升'名师课堂'效应的探索与实践"这个课题，自治区教研室领导分别给出了针对性的点评和指导，肯定已初步形成了的"233"教学模式，但更要注重核心目标，"名师课堂"效应的路径是下一步研究的重点。在第二阶段分类指导

第六章　走过的足迹

时，我们进一步提出了课题研究中遇到的问题和困惑，专家王俊昌给出了可行的参考意见和指点。

通过参加本次活动，在专家指导的基础上，我们将对前期的研究工作进行查漏补缺，与此同时更加明确了下一步的研究思路。在新课程、新理念、新思想背景下，我们会面临许多新问题、新困惑，如何在课题研究中促使教师成长、学生发展，真正地体现课堂有活力，学生学习有动力，师生共同长能力的模式。值得我们课题组更加深入地研究和探索，我们将以参加此次活动为契机，根据研究计划和目标，细化分工，责任到人，扎实有效地推进课题进展。

参考文献

［1］教育部.义务教育数学课程标准（2011年版）［M］.北京：北京师范大学出版社，2012.

［2］蔡林森.教学革命——蔡林森与先学后教［M］.北京：首都师范大学出版社，2011.

［3］赵国防.小学数学［M］.北京：光明日报出版社，2008.

［4］张素兰，李景龙.合学教育：突破合作学习的五大瓶颈［M］.天津：天津教育出版社，2012.

［5］刘玉静，高艳.合作学习的教学策略［M］.北京：北京师范大学出版社，2011.

［6］赵希斌.魅力课堂——高效与有趣的教学［M］.上海：华东师范大学出版社，2013.

［7］王晓川."231"的情怀［M］.银川：宁夏人民教育出版社，2016.

［8］张四保.24字教学模式操作手册［M］.太原：山西人民出版社，2013.

［9］高宏.核心素养导向的观课议课［M］.天津：天津教育出版社，2018.

［10］王秀琴."互联网+教育"在小学数学课堂中的应用浅析［J］.新课程（上），2019（2）：112–113.

［11］万广旗.浅析"互联网+"教育在小学数学互动课堂中的相关应用［J］.读写算，2019（26）：7.

［12］王国雄.“互联网+教育”在小学数学课堂教学中的应用［J］.知识文库，2020（13）：35-36.

［13］马云鹏.关于数学核心素养的几个问题［J］.课程·教材·教法，2015，35（9）：36-39.

［14］任友群.人工智能的教育视角初探［J］.远程教育杂志，2018，36（5）：37.

［15］梁迎丽，刘陈.人工智能教育应用的现状分析、典型特征与发展趋势［J］.中国电化教育，2018（3）：24-30.

［16］杨秀森.“作业数字化、师生在行动”应用项目活动在京正式启动［J］.中国电化教育，2015（10）：139.

［17］方吉庭.探究人工智能机器人与小学数学教学［J］.中小学电教（教学），2019（12）：31-32.

［18］顾明远.我国教师教育改革的反思［J］.教师教育研究，2006（6）：3-6.